미국 사람처럼 술술 나오는
인생 영어 표현

초판 1쇄 인쇄   2025년 4월 4일
초판 1쇄 발행   2025년 4월 17일

지은이	남궁의용
표지 삽화	T. John Kim
발행인	임충배
홍보/마케팅	양경자
편집	김인숙, 왕혜영
디자인	이경자, 김혜원
펴낸곳	도서출판 삼육오(PUB.365)
제작	(주)피앤엠123

출판신고 2014년 4월 3일
등록번호 제406-2014-000035호

경기도 파주시 산남로 183-25
TEL 031-946-3196 / FAX 050-4244-9979
홈페이지 www.pub365.co.kr

ISBN 979-11-94543-08-4 13740
ⓒ 2025 남궁의용 & PUB.365

· 저자와 출판사의 허락 없이 내용 일부를 인용하거나 발췌하는 것을 금합니다.
· 저자와의 협의에 의하여 인지는 붙이지 않습니다.
· 가격은 뒤표지에 있습니다.
· 잘못 만들어진 책은 구입처에서 바꾸어 드립니다.
· 본 도서는 『툭툭 내뱉는 252 상황 영어』와 내용이 동일한 리커버 도서입니다.

미국 사람처럼 술술 나오는

인생
영어 표현

저자 남궁의용

머리말

『미국 사람처럼 술술 나오는 인생 영어 표현』에서는 일상생활 영어에서
우리가 간단하게 사용할 수 있는 짧은 표현들을 실었습니다.
간단하지만 대화의 상대방이 정확하게 이해할 수 있는 표현들로 알아두면
유용하게 사용하실 수 있습니다.
짧게 말해야 될 때 짧게 말하면 여러분의 삶이 더욱더 편안해집니다.
저는 개인적으로 말 많은 사람을 싫어합니다.
이 한 권의 책이 여러분의 삶에 조금이나마 도움이 되었으면 좋겠습니다.
감사합니다.

저자 **남궁의용**

학습방법

바로 써먹는 대화문

실생활에서 실제 쓰이는 짧은 대화와 함께 소개됩니다. 복잡한 문장이 아니어도, 원어민처럼 간결하게 말할 수 있습니다. Chapter를 따라 단어의 개수를 늘려가며 순차적으로 상황별 표현들을 자연스럽게 학습할 수 있습니다.

한 단어 01 **Anytime.** 언제든지 얘기하세요.

A Thank you for your advice.
당신의 충고 감사합니다.

B Anytime.
언제든지 얘기하세요.

핵심 단어도 함께!

상황별 표현을 학습하면서 놓치지 말아야 할 주요 단어들을 함께 학습할 수 있습니다. 특히 대화 속 주요 단어도 함께 정리해서 회화뿐 아니라 어휘력까지 탄탄하게 잡을 수 있습니다.

morning?
오늘 밤에 전화할까요, 내일 아침에 전화할까요?

B Whenever.
언제든 좋습니다.

VOCA whenever ~할 때는 언제든지

뉘앙스 잡아주는 친절한 Tip

영어는 같은 뜻이라도 표현에 따라 분위기와 감정이 달라집니다. 해당 표현이 어떤 감정으로 어떤 상황에서 쓰이는지 직관적으로 설명해 줍니다.

언제든 좋습니다.

ght or tomorrow
일 아침에 전화할까요?

TIP
"Whenever."는 '언제든지 좋다'라는 의미로 "Whenever you want."의 줄임말이다. "Doesn't matter."라고 표현해도 된다.

우리말만 보고 말해보는 실전 훈련

학습한 표현이 정말 내 것이 되었는지 확인하는 시간입니다. 우리말 힌트만 보고 영어로 직접 말해보는 말하기 훈련을 통해 머리로만 아는 영어가 아니라 입에서 바로 나오는 영어가 되게 합니다.

한 단어 31
A Hello, Brain. How have you been these days?
B Pretty good. 넌 어떠니?

한 단어 32
A This is not what I wanted

목차

머리말   4p

학습방법   5p

Chapter 01 한 단어 영어로 1초 만에 말해봐!

01 Anytime. 언제든지 얘기하세요.	14p	19 Definitely. 물론이죠. 23p
02 Whenever. 언제든 좋습니다.	14p	20 Hilarious. 매우 재미있었어. 23p
03 Sure. 물론입니다.	15p	21 Congratulations. 축하해. 24p
04 Unbelievable. 믿을 수가 없네.	15p	22 Exactly! 그렇습니다! 24p
05 Fine. 좋아.	16p	23 Lovely. 예쁘다. 25p
06 Positive. 확실해.	16p	24 Nonsense! 말도 안 되는 소리 하지 마! 25p
07 Almost. 거의.	17p	25 Speaking. 전데요. 26p
08 Probably. 아마도.	17p	26 Deal. 좋아. 26p
09 Absolutely! 물론이지!	18p	27 Relax. 진정해. 27p
10 Depends. 상황에 따라 달라요.	18p	28 Nothing. 아무것도 아니야. 27p
11 Excellent! 훌륭하다!	19p	29 Oops! 아이쿠! 28p
12 Seriously? 진심이에요?	19p	30 Jesus! 맙소사! 28p
13 True. 맞아.	20p	31 Yourself? 넌 어떠니? 29p
14 Awesome! 굉장하군!	20p	32 Whatever! 뭐 어쩌라고! 29p
15 Pardon? 다시 한 번 말해주시겠어요?	21p	33 Please. 제발요. 30p
16 Shoot! 젠장!	21p	34 So-so. 그저 그래. 30p
17 Anything! 뭐든지 말만 해!	22p	35 Gorgeous! 아름다워! 31p
18 Never. 절대 먹지 않을 거야.	22p	36 Period! 그만해! 31p

Chapter 02 두 단어 영어로 쉽게 말해봐!

01 After you. 먼저 쓰세요. 34p
02 Anything else? 다른 거는 필요 없으세요? 34p
03 Don't bother. 그러실 필요 없습니다. 35p
04 My pleasure. 천만에요. 35p
05 Suit yourself. 마음대로 하세요. 36p
06 My treat. 내가 낼게. 36p
07 What's up? 잘 지내니? 37p
08 Hold on. 잠시만 기다리세요. 37p
09 Get real. 정신 차려. 38p
10 Well done! 잘했다! 38p
11 No way! 안 돼요! 39p
12 No wonder. 놀랄 일도 아니지. 39p
13 Can't complain. 잘 지내고 있어. 40p
14 No comment. 말하고 싶지 않습니다. 40p
15 By cash. 현찰로 하겠습니다. 41p
16 Medium, please. 중간으로 구워주세요. 41p
17 Check, please. 계산서 좀 주세요. 42p
18 Just traveling. 그냥 여행하려고 왔어요. 42p
19 Help yourself. 마음껏 드세요. 43p
20 No sweat. 문제없어. 43p
21 See you. 다음에 보자. 44p
22 How much? 얼마나? 44p
23 Your choice. 네가 골라. 45p
24 Again, please. 다시 한 번 말씀해 주세요. 45p
25 Got it. 이해하고 있어. 46p
26 Never mind. 신경 쓰지 마세요. 46p
27 Take care. 잘 지내. 47p
28 No problem. 별거 아니야. 47p
29 Same here. 나도. 48p
30 Nothing much. 그럭저럭 지내. 48p
31 Fat chance. 전혀 기대하지 마. 49p
32 What for? 중국에는 왜 가는데? 49p
33 Have fun. 즐겁게 보내. 50p
34 Money talks. 돈이면 다 돼. 50p
35 Afraid not. 아마도 도와줄 수 없을 거야. 51p
36 Good job. 잘했다. 51p
37 To go. 가져갈 거예요. 52p
38 Any questions? 질문 있습니까? 52p
39 Not bad. 나쁘지 않은 거 같아. 53p
40 Only vitamins. 비타민만 먹고 있습니다. 53p
41 Keep going. 계속하세요. 54p
42 Pretty good. 매우 맛있어. 54p
43 Can't wait. 빨리 휴가가 왔으면 좋겠다. 55p
44 How many? 몇 장을 복사 할까요? 55p
45 No exception. 예외는 없습니다. 56p
46 Nature calls. 나 화장실 가야 해. 56p
47 I'm full. 나 배불러. 57p
48 Cheer up! 기운 내! 57p
49 That's life. 그게 인생이야. 58p
50 Brace yourself. 마음 단단히 먹어. 58p
51 Apology accepted. 사과를 받아들이겠습니다. 59p
52 I agree. 동감이야. 59p

53 Grow up. 철 좀 들어.	60p	
54 Kind of. 조금 좋아해.	60p	
55 Good luck. 행운을 빌어.	61p	
56 Going up? 올라가세요?	61p	
57 So what? 그래서 뭐?	62p	
58 How come? 왜?	62p	
59 Beats me. 모르겠습니다.	63p	
60 Wanna bet? 내기할래?	63p	
61 I'm attered! 과찬이십니다!	64p	
62 Stay focused. 집중 좀 해.	64p	
63 Get lost. 꺼져.	65p	
64 Calm down. 진정해.	65p	
65 Not me. 나는 아니야.	66p	
66 Try again. 다시 해봐.	66p	
67 Who's ahead? 누가 앞서고 있니?	67p	
68 Buckle up. 안전벨트 매.	67p	
69 Forget it. 잊어버리세요.	68p	
70 Bottoms up! 원 샷!	68p	
71 I'm coming. 지금 가요.	69p	

72 Fair enough. 알았어.	69p
73 Why not? 왜 사지 말라는 거야?	70p
74 Since when? 언제부터?	70p
75 That happens. 그런 일도 있는 거지.	71p
76 Not yet. 아직 못했습니다.	71p
77 Nothing special. 특별한 일 없어.	72p
78 Good point. 좋은 지적이야.	72p
79 Hands off. 손 대지 마.	73p
80 Get in. 차에 타.	73p
81 Time's up. 시간이 다 되었어.	74p
82 It's you. 너한테 잘 어울려.	74p
83 Don't leave. 가지 마.	75p
84 All set? 준비됐어요?	75p
85 Lucky you. 좋겠다.	76p
86 Who cares? 아무도 신경 안 써?	76p
87 Let's see. 어디 보자.	77p
88 You bet. 물론이지.	77p
89 Say when. 됐으면 말해주세요.	78p
90 Listen up! 잘 들어!	78p

Chapter 03 세 단어 영어로 풍부하게 말해봐!

01 Good for you. 잘했다.	82p
02 Count me out. 나는 좀 빼줘.	82p
03 Speak up, please. 큰 소리로 말해주세요.	83p
04 Where to sir? 어디로 모실까요?	83p
05 Here you go. 여기 있습니다.	84p

06 Let's eat out. 외식합시다.	84p
07 Shame on you. 부끄러운 줄 알아라.	85p
08 Cash or card? 현금, 카드 어느 것으로 지불하시겠어요?	85p
09 Wish me luck. 행운을 빌어줘.	86p

#	표현	뜻	p
10	That's a steal.	참 저렴하게 샀구나.	86p
11	So do I.	나도 좋아해.	87p
12	Neither do I.	나도 좋아하지 않아.	87p
13	Keep the change.	잔돈은 가지세요.	88p
14	Never been better.	아주 잘 되고 있어.	88p
15	I mean it.	진심이야.	89p
16	Yes and no.	잘 모르겠어.	89p
17	Without a doubt.	반드시 돌아올 거야.	90p
18	Better than before.	전보다 좋아졌어.	90p
19	Around the corner.	저 모퉁이에 있습니다.	91p
20	Coke or Sprite?	콜라를 드릴까요 아니면 사이다를 드릴까요?	91p
21	Break a leg!	잘해라!	92p
22	What's your point?	네 말의 요점이 뭐니?	92p
23	Just in case.	혹시 몰라서.	93p
24	Where were we?	우리 어디까지 했지?	93p
25	Be my guest.	그러세요.	94p
26	Where am I?	여기가 어디죠?	94p
27	Let me check.	제가 알아보겠습니다.	95p
28	You name it.	뭐든 말만 해.	95p
29	What a coincidence!	정말 우연이군요!	96p
30	I'm in trouble.	나 곤경에 처했어요.	96p
31	I knew it.	내가 그럴 줄 알았어.	97p
32	As you wish.	원하신다면요.	97p
33	She dumped me.	그녀가 나를 찼어.	98p
34	It sounds good.	좋아요.	98p
35	I was impressed.	감동을 받았어요.	99p
36	Did it work?	효과가 있었나요?	99p
37	Take that back.	그 말 취소해.	100p
38	I envy you.	네가 부럽다.	100p
39	No big deal.	별거 아니야.	101p
40	That's all.	그게 전부예요.	101p
41	It's my turn.	내 차례야.	102p
42	Just a feeling.	그냥 감이야.	102p
43	Take your time.	천천히 하세요.	103p
44	You owe me.	너 나한테 빚졌다.	103p
45	Take a guess.	추측해 봐.	104p
46	Same to you!	너나 꺼져!	104p
47	It takes time.	시간이 좀 걸립니다.	105p
48	I got lost.	길을 잃었어요.	105p
49	Go fifty-fifty.	반반 나누어 내자.	106p
50	God only knows.	아무도 몰라요.	106p
51	Not a clue.	모르겠어.	107p
52	Don't be silly.	바보 같은 소리 하지 마.	107p
53	That will do!	충분히 했어!	108p
54	If you insist.	정 그러시다면.	108p
55	Keep in touch.	연락하자.	109p
56	It was nothing.	별것 아니었어요.	109p
57	That's a relief.	다행입니다.	110p
58	Is Jack there?	Jack 있나요?	110p
59	Don't be picky.	까다롭게 굴지 마.	111p
60	Stop nagging me.	내게 잔소리 하지 마.	111p
61	Are you kidding?	농담하니?	112p
62	Don't rush me.	재촉하지 마.	112p
63	He really sucks.	밥맛이야.	113p
64	Don't be ridiculous!	그게 무슨 소리야!	113p
65	Down that way.	저쪽으로 가세요.	114p
66	Knock it off.	시끄러워.	114p

67	Bring him in. 들여보내세요.	115p	70	That was close. 큰일 날 뻔했네.	116p
68	That's too harsh. 너무하시네요.	115p	71	What's the harm? 손해 볼 게 뭐 있어?	117p
69	Take my word. 내 말을 믿어.	116p	72	Now you're talking. 좋은 생각이야.	117p

Chapter 04 네 단어 이상 영어로 원어민처럼 말해봐!

01	It's on the house. 무료로 드리는 거예요.	120p	17	I hit every light. 신호등마다 다 걸렸어.	128p
02	Is this train for King's Cross? 이 기차가 King's Cross에 가나요?	120p	18	I was sick of his lies. 그의 거짓말에 신물이 나.	128p
03	Let's grab a bite. 뭘 좀 간단히 먹자.	121p	19	Let's call it a day. 퇴근하자.	129p
04	What brings you here? 여기에 무슨 일로 왔니?	121p	20	Between you and me, 우리끼리 이야기인데,	129p
05	It's a piece of cake. 식은 죽 먹기야.	122p	21	What a small world! 세상 참 좁구나!	130p
06	I am on a diet. 다이어트 중이야.	122p	22	Leave it to me. 내가 할게.	130p
07	Over my dead body. 절대 안 돼.	123p	23	If I have time. 시간이 되면.	131p
08	I am on duty now. 지금 근무 중이야.	123p	24	So far so good. 지금까지는 아주 좋아.	131p
09	Pull over there, please. 차를 저쪽에 세워 주세요.	124p	25	Hear me out, please. 내 말을 끝까지 들어주세요.	132p
10	Be punctual next time. 다음엔 시간 엄수해.	124p	26	I can't make it. 갈 수 없어.	132p
11	Step on it, please. 속력을 내주세요.	125p	27	Just matter of time. 시간문제야.	133p
12	I had a long day. 오늘 힘든 날이었어.	125p	28	Please, fill it up. 가득 채워주세요.	133p
13	It's up to you. 그것은 너한테 달렸어.	126p	29	First come, first served. 선착순입니다.	134p
14	I was so touched. 매우 감동을 받았어.	126p	30	Please, hang in there. 좀 더 버터 봐.	134p
15	I'm aching all over. 온몸이 쑤셔.	127p	31	I didn't mean it. 진심이 아니었어.	135p
16	Can I take a rain check? 다음을 기약해도 될까요?	127p	32	Been thinking about it. 생각 중이야.	135p
			33	It's on me today. 오늘은 내가 살게.	136p

34	Because I am broke. 나 파산 상태거든.	136p
35	Are you in line? 줄을 서고 있는 건가요?	137p
36	He is dead drunk. 그는 완전히 취했어.	137p
37	Long time no see. 오랜만이야.	138p
38	I live by myself. 나 혼자 살아.	138p
39	Room number 1002, please. 1002호 좀 연결해 주세요.	139p
40	Don't talk back to me. 내게 말대꾸하지 마.	139p
41	I think he is something. 대단한 사람인 것 같아.	140p
42	I won't be long. 오래 걸리지 않을 거예요.	140p
43	You screwed me up. 네가 나를 망쳤어.	141p
44	Jessica stood me up. Jessica가 나를 바람 맞혔어.	141p
45	Who's in charge here? 여기 책임자가 누구입니까?	142p
46	I told you so. 그러게 내가 뭐랬어.	142p
47	You got ripped off. 너 바가지 썼다.	143p
48	It's due on Monday. 월요일입니다.	143p
49	We just broke even. 본전은 했어요.	144p
50	Give me a break, please! 한 번만 봐주세요!	144p
51	The more, the better. 많으면 많을수록 좋아요.	145p
52	I'll take it. 그걸로 살게요.	145p
53	Either will do. 아무거나 상관없습니다.	146p
54	None of your business. 네가 상관할 바가 아니야.	146p

CHECK UP 내 영어를 점검하는 시간   150p

ANSWER CHECK UP의 정답 확인   171p

Chapter 01
한 단어 영어로 1초 만에 말해봐!

'말도 안 되는 소리 하지마!' 를
영어로 뭐라고 할까요?
길게 말해야 할 것 같지만,

'Nonsense!'

한 단어면 충분해요!

chapter 01에서는 일상 대화에서 한 단어로
상황을 표현하는 법을 알려드립니다.

Chapter 01

 영어 한 단어면 충분합니다.
한 단어 영어로 **1초** 만에 말해보세요.

한 단어 01 **Anytime.** 언제든지 얘기하세요.

A Thank you for your advice.
당신의 충고 감사합니다.

B Anytime.
언제든지 얘기하세요.

> **TIP**
> "Anytime."은 '언제든지 좋아요', '천만에요(=You're welcome.)', '괜찮아요' 등의 의미로 도움이 필요하면 언제든지 요청하라는 의미를 담고 있다.

VOCA advice 충고, 조언 | anytime 언제든지

한 단어 02 **Whenever.** 언제든 좋습니다.

A Shall I call you tonight or tomorrow morning?
오늘 밤에 전화할까요, 내일 아침에 전화할까요?

B Whenever.
언제든 좋습니다.

> **TIP**
> "Whenever."는 '언제든지 좋다'라는 의미로 "Whenever you want."의 줄임말이다. "Doesn't matter."라고 표현해도 된다.

VOCA whenever ~할 때는 언제든지

한 단어 03 **Sure.** 물론입니다.

A ▶ Would you mind closing the window?
창문을 닫아도 되겠습니까?

B ▶ **Sure.**
물론입니다.

VOCA mind 꺼리다

> **TIP**
> "Would you mind~?"를 직역하면 "~하는 것을 꺼리나요?"라는 뜻이므로, 승낙을 표현할 때는 꺼리지 않는다는 뜻으로 "No, not at all.", "Certainly not.", "Of course not." 등 부정어가 들어간다.
> 그러나 "Sure."는 부정어 없이 사용한다.

한 단어 04 **Unbelievable.** 믿을 수가 없네.

A ▶ Samuel failed to get a promotion.
Samuel은 승진하지 못했어.

B ▶ **Unbelievable.**
믿을 수가 없네.

VOCA promotion 승진 | unbelievable 믿을 수 없는

> **TIP**
> "Unbelievable."은 "It's unbelievable."을 줄여서 표현한 것으로 어떤 사실을 믿을 수가 없거나, 믿기 힘들 때 사용한다.

Chapter 01

한 단어 05 Fine. 좋아.

A How are you today?
오늘 기분이 어떠니?

B Fine.
좋아.

> **TIP**
> "Fine."은 "I'm fine."을 줄여서 표현한 것으로 fine은 '원기 왕성한', '건강한', '기분이 좋은' 등의 의미가 있다.
>
> 기분에 따라 Great(아주 좋아), Good(좋아), Fantastic(아주 좋아), So-so(그저 그래), Not too bad(나쁘지 않아), About the same(늘 마찬가지야), Terrible(정말 안 좋아) 등으로 대답 할 수 있다.

한 단어 06 Positive. 확실해.

A Are you sure she is our new boss?
그녀가 우리의 새로운 상사인 게 확실하니?

B Positive.
확실해.

VOCA positive 긍정적인

> **TIP**
> "Positive."는 무엇이 옳거나 사실임을 전적으로 확신할 때 사용한다.
>
> "Positive."는 "I'm positive that she is our new boss."를 줄여서 표현한 것이며, "I'm not positive."는 "확실하지 않아."라는 의미이다.
>
> "(I'm) One hundred percent sure." "100% 확신한다."라는 표현을 사용해도 된다.

16

한 단어 07 Almost. 거의.

A Have you finished your assignment?
업무 다 마쳤니?

B Almost.
거의.

VOCA assignment 임무, 할당 | almost 거의

TIP
"Almost."는 "I have almost inished my assignment."를 줄여서 쓴 표현이며, almost는 부사로 '거의', '대부분'이라는 뜻으로 업무를 거의 마쳤다는 뜻이다.

"Almost." 대신에 "Most of it."이라는 표현을 사용해도 된다.

한 단어 08 Probably. 아마도.

A Can you come to the party tomorrow?
내일 파티에 올 수 있니?

B Probably.
아마도.

VOCA probably 아마도

TIP
"Probably."는 '아마', '십중팔구는', '필시'등의 뜻이며, maybe, perhaps 보다 가능성이 높을 때 사용한다.

17

Chapter 01

한 단어 09 Absolutely! 물론이지!

A Do you think you will pass the exam?
시험에 합격하리라고 생각되니?

B Absolutely!
물론이지!

> **TIP**
> "Absolutely!"는 완전한 동의·찬성의 의미로 '전적으로 그렇다', '물론' 등의 의미를 가진다.

VOCA absolutely 절대적으로

한 단어 10 Depends. 상황에 따라 달라요.

A How much time do you need to fix the computer?
컴퓨터 수리하는데 시간이 얼마나 걸릴까요?

B Depends.
상황에 따라 달라요.

> **TIP**
> "Depends."는 '~ 나름이다', '~에 달려 있다', '~에 좌우되다'의 의미로, 대화의 내용상 '컴퓨터의 상황에 따라 수리하는 시간이 다르다'는 뜻이다.
> (Depends.= It depends on the computer.)

VOCA depend 의존하다

한 단어 11 Excellent! 훌륭하다!

A Our team finally got into the finals.
우리 팀이 드디어 결승전에 올랐다.

B Excellent!
훌륭하다!

VOCA final 결승전

> **TIP**
> "Excellent!"는 '기쁨·동의'를 나타내는 대답으로 '(매우) 좋아', '잘했어' 등의 의미를 가지고 있다.
> "Good job!", "Well done!" 등으로 바꿔 사용해도 된다.

한 단어 12 Seriously? 진심이에요?

A I'm going to quit my job.
나는 회사를 그만 둘 거예요.

B Seriously?
진심이에요?

VOCA quit 그만두다 | serious 심각한, 진지한

> **TIP**
> "Seriously?"는 놀랄만한 말을 들었을 때 사용하는 표현으로 상황에 따라 "Really?"로 바꿔 사용할 수 있다.

Chapter 01

한 단어 13 True. 맞아.

A ▶ The prices have risen too much these days.
요즘 물가가 너무 많이 올랐어.

B ▶ True.
맞아.

VOCA these days 요즘 | rise 상승하다

> **TIP**
> "True."는 "That's true."를 줄인 표현으로, '너의 말이 맞아'라는 의미이며 상대방의 의견에 동의할 때 사용한다.
> 이외에 동의하는 표현으로 "I agree.", "You can say that again.", "You're right.", "You said it." 등이 있다.

한 단어 14 Awesome! 굉장하군!

A ▶ I bought a sports car.
나 스포츠카 샀어.

B ▶ Awesome!
굉장하군!

> **TIP**
> Awesome!"은 "It is awesome."을 줄인 표현이며, awesome은 형용사로 '훌륭한', '최고의'라는 의미이다.
> 좋은 소식을 듣거나, 좋은 일이 생겼을 때 감탄하는 표현으로 "Fantastic!", "Fabulous!", "Terrific!" 등이 있다.

한 단어 15 Pardon? 다시 한 번 말해주시겠어요?

A Can you show me the way to the city hall?
시청 가는 길을 알려 주시겠습니까?

B Pardon?
다시 한 번 말해주시겠어요?

> **TIP**
> "Pardon?"은 "I beg your pardon?"을 줄인 표현이며, "뭐라고요?"의 의미로 상대방의 말을 알아듣지 못했을 때 사용하는 표현이다.
>
> "Pardon me?", "Excuse me?", "Come again?", "Could you say that again?" 등으로 바꿔 표현할 수 있다.

한 단어 16 Shoot! 젠장!

A Your proposal was not chosen.
당신의 제안은 채택되지 않았습니다.

B Shoot!
젠장!

VOCA proposal 제안, 제의

> **TIP**
> "Shoot!"는 '쳇', '제기랄'이라는 의미로 비속어 shit의 완곡한 표현이다.
>
> 불쾌감, 낙담, 실망을 나타낼 때 사용하며, 다른 비속어 표현으로는 damn과 damn을 완곡하게 표현한 darn이 있다.

Chapter 01

한 단어 17 **Anything!** 뭐든지 말만 해!

A Can I ask you a favor?
부탁 좀 들어 줄래?

B Anything!
뭐든지 말만 해.

VOCA ask a favor of ~ ~에게 부탁하다

TIP
"Anything"은 '무엇이든', '뭐든지', '어느[어떤] 것이든' 이라는 의미이며, "Anything you want."를 줄인 표현이다.

한 단어 18 **Never.** 절대 먹지 않을 거야.

A Would you try that seafood again?
그 해물 요리 다시 먹을 거니?

B Never.
절대 먹지 않을 거야.

VOCA try 시도하다 | seafood 해산물

TIP
"Never"는 부정문에서 not 대신 쓰여 부정 의미를 강조하며, 절대로 어떤 일을 하지 않겠다는 의미를 나타낸다.
위의 대화에서는 "I will never try that seafood again."을 줄인 표현이다.

한 단어 19 Definitely. 물론이죠.

A Come and visit us again, please.
또 방문해 주세요.

B Definitely.
물론이죠.

VOCA visit 방문하다 | definitely 반드시, 확실히

> **TIP**
> "Definitely."는 질문에 대하여 강한 긍정을 나타낼 때 사용하며, 부정을 할 때는 "Definitely not."이라고 한다.
> 위의 대화에서 "Definitely."는 "I will come and visit again."을 의미한다.

한 단어 20 Hilarious. 매우 재미있었어.

A How was the movie?
영화 어땠어?

B Hilarious.
매우 재미있었어.

VOCA hilarious 아주 재미있는

> **TIP**
> "Hilarious."는 "It was hilarious."를 줄인 표현이며, hilarious는 형용사로 '아주 재미있는'의 의미로 very funny와 의미가 같다.

Chapter 01

한 단어 21 Congratulations. 축하해.

A My wife gave birth to a healthy boy yesterday.
아내가 어제 건강한 사내아이를 출산했어.

B Congratulations.
축하해.

VOCA give a birth (to) 출산하다 | healthy 건강한

TIP
"Congratulations."는 "Congratulations on the birth of your son."의 줄임말이며, 축하할 때 사용하는 표현으로 뒤에 항상 s를 붙여야 한다.

한 단어 22 Exactly! 그렇습니다!

A You mean I can get a 10% discount?
10%를 할인 받을 수 있다는 의미입니까?

B Exactly!
그렇습니다!

VOCA discount 할인

TIP
"Exactly!"는 상대방의 말에 맞장구 칠 때 사용하는 표현으로 '그렇다', '바로 말씀하신 대로이다' 라는 의미이다.

한 단어 23 Lovely. 예쁘다.

A Look at these flowers.
저 꽃들을 봐라.

B Lovely.
예쁘다.

VOCA lovely 사랑스러운

> **TIP**
> "Lovely."는 '사랑스러운', '아름다운', '어여쁜', '매력적인'이라는 의미의 형용사로 사람, 사물의 외모나 겉모습을 표현할 때 사용한다.
> 위의 "Lovely."는 "They are lovely."의 줄임말이다.

한 단어 24 Nonsense! 말도 안 되는 소리 하지 마!

A We're getting a divorce.
우리 이혼할 거야.

B Nonsense!
말도 안 되는 소리 하지 마!

VOCA divorce 이혼 | nonsense 터무니없는

> **TIP**
> "Nonsense!"는 '말도 안 돼 [무슨 소리]!'라는 의미로 "You're talking nonsense!"의 줄임말이다.
> sense는 '의미'라는 뜻으로 "It makes sense." (말 된다), "It doesn't make any sense."(말도 안 돼)라는 표현을 자주 사용한다.

Chapter 01

한 단어 25 **Speaking.** 전데요.

A Can I speak to Jack?
　　Jack 하고 통화할 수 있나요?

B Speaking.
　　전데요.

VOCA Speaking 전데요

> **TIP**
> "Speaking."은 "This is Jack Speaking."의 줄임말로 '나야', '전데요' 등의 의미이다. 전화한 상대방이 누구인지 묻는 표현은 "Who's calling?" '누구세요?'이다.

한 단어 26 **Deal.** 좋아.

A Here is the deal. If you clean the table, I will do the dishes.
　　이렇게 하자. 네가 식탁을 치우면, 내가 설거지할 게.

B Deal.
　　좋아.

VOCA deal 거래, 합의 | do the dishes 설거지하다

> **TIP**
> "Deal!"은 '거래', '합의'라는 의미이며, 대화에서 "Deal."은 "It's a deal."을 줄인 표현으로 제안을 받아들일 때 사용한다.

한 단어 27 **Relax.** 진정해.

A Hurry up! We are gonna be late for the movie.
서둘러! 영화에 늦겠어.

B Relax. We've got plenty of time.
진정해. 우리 시간 많아.

VOCA plenty of 많은

> **TIP**
> "Relax."는 '진정해'라는 의미로 "Calm down.", "Take it easy." 등으로 바꿔 쓸 수 있다.

한 단어 28 **Nothing.** 아무것도 아니야.

A Are you crying? What's wrong with you?
너 울고 있니? 무슨 일 있니?

B Nothing.
아무것도 아니야.

> **TIP**
> "Nothing."은 "It's nothing."을 줄인 표현으로 '별거 아니야', '아무것도 아니야'라는 의미이다.

27

Chapter 01

한 단어 29 **Oops!** 아이쿠!

A Oops! I made a mistake again.
아이쿠! 나 또 실수를 했어.

B There you go again.
You're always making mistakes.
또 그러는군. 넌 항상 실수를 하는구나.

VOCA mistake 실수

> **TIP**
> "Oops!"는 감탄사로 실수를 했거나, 실수로 물건을 떨어뜨렸을 때 놀라서 지르는 소리로, 비슷한 감탄사로 "Whoops!"가 있다.

한 단어 30 **Jesus!** 맙소사!

A Jesus! You scared me to death.
맙소사! 깜짝 놀랐잖아.

B Sorry, I didn't mean it.
미안, 고의는 아니었어.

VOCA scare 겁주다

> **TIP**
> "Jesus!"는 "Jesus Christ!"로 사용하기도 하며, '당황', '놀람', '화'를 나타내는 감탄사이다.
> 'scare somebody to death'는 '~이 겁나서 죽을 지경이 되게 만들다'라는 의미이다.

한단어 31 Yourself? 넌 어떠니?

A Hello, Brain. How have you been these days?
안녕, Brian. 요즘 어떻게 지내니?

B Pretty good. Yourself?
잘 지내. 넌 어떠니?

> **TIP**
> "Yourself?"는 앞서 상대방이 했던 질문을 되물을 때 사용하는 표현으로 "And you?"로 바꿔 쓸 수 있다.

한단어 32 Whatever! 뭐 어쩌라고!

A This is not what I wanted.
이건 내가 원했던 게 아니야.

B Whatever!
뭐 어쩌라고!

> **TIP**
> "Whatever!"는 감탄사로 '그러든가 말든가', '알게 뭐야'라는 의미로 상대의 말이 자신과는 상관없고, 관심이 없음을 나타낸다.

VOCA whatever 어떤 ~일지라도; 그게 뭐든

Chapter 01

한 단어 33 **Please.** 제발요.

A I want you to work with James to organize the project.
James와 함께 프로젝트를 준비하세요.

B Please. I can't work with him.
제발요. 전 그와 일 못 해요.

VOCA organize 준비하다, 조직하다

> **TIP**
> "Please."는 '제발'이라는 의미의 감탄사로, 어떤 것을 간곡히 부탁할 때 사용한다.

한 단어 34 **So-so.** 그저 그래.

A Hi, Greg! How's everything with you?
안녕, Greg! 어떻게 지내니?

B So-so.
그저 그래.

> **TIP**
> "So-so."는 "Not so good.", "Not so bad."를 줄인 표현으로, 무언가가 좋지도 나쁘지도 않을 때 사용한다.
> 위의 대화에서는 "Nothing much."로 바꿔 쓸 수 있다.

한 단어 35 Gorgeous! 아름다워!

A Look at the dress over there. Isn't it pretty?
저기 드레스 좀 봐. 예쁘지 않니?

B Gorgeous! Let's go and have a look.
아름다워! 가서 한번 보자.

VOCA gorgeous 아주 멋진, 아주 아름다운

TIP
"Gorgeous!"는 형용사로 '아주 아름다운[멋진, 좋은]'의 의미로, 날씨, 외모, 풍경 등을 약간은 과장해서 쓰는 표현이다.
비슷한 표현으로 "Fantastic!", "Amazing!", "Awesome!", "Beautiful!", "Fabulous!" 등이 있다.

한 단어 36 Period! 그만해!

A Mom, let me sleep over at Susan's house, please.
엄마, 저 Susan 집에서 자고 오게 해주세요.

B Why do you keep on insisting? My answer is no. Period!
왜 계속 고집을 부리니?
내 대답은 안 된다야. 그만해!

VOCA sleep over at 자고 오다[가다] | keep on 계속 ~하다 | insist 고집하다, 주장하다
period 기간; 마침표

TIP
"Period!"는 한 문장을 끝내고 찍는 마침표로 대화에서 단독으로 쓰이면 상황 종료의 의미를 갖는다.
더 이상 질문을 받고 싶지 않거나, 할 말 다했다고 생각이 될 때 사용한다.

31

Chapter 02
두 단어 영어로 쉽게 말해봐!

단어 두 개만으로도
충~분히 상황을 표현할 수 있습니다.
'돈이면 다 돼.'라는 표현을
두 단어로 표현한다면?

'Money talks.'
매우 간단하죠?

chapter 02에서는 우리가 이미 알고 있는
단어 두 개로 말할 수 있는 표현들을 소개합니다.

Chapter 02

상황에 따라 영어 두 단어로도 충분합니다.
두 단어 영어로 쉽게 말해보세요.

두 단어 01 After you. 먼저 쓰세요.

A ▶ Do you need the copy machine?
복사기 쓰실래요?

B ▶ After you.
먼저 쓰세요.

VOCA copy machine 복사기

> **TIP**
> "After you."는 뭔가를 상대방에게 양보하거나 먼저 하게 할 때 사용하는 표현이다. 글자 그대로 '당신 다음에 내가 하겠다'라는 의미이다.

두 단어 02 Anything else? 다른 거는 필요 없으세요?

A ▶ One cheese burger and one large size coke, please.
치즈버거 하나 하고 콜라 큰 거 주세요.

B ▶ Anything else?
다른 거는 필요 없으세요?

> **TIP**
> "Anything else?"는 '다른 거는 필요 없으세요?'라는 의미로, "Is there anything else you need?"의 줄임말이다.
> "Will that be all?"이라는 표현을 사용하기도 한다.

두 단어 03 **Don't bother.** 그러실 필요 없습니다.

A Let me give you a ride to the hotel.
제가 호텔까지 차로 모시겠습니다.

B Don't bother.
그러실 필요 없습니다.

VOCA ride 타기, 타고가기 | bother 신경 쓰다, 애쓰다

> **TIP**
> "Don't bother."는 "Don't bother yourself." '그러실 필요 없습니다'의 줄임말이다.
> 위 대화에는 "No, it's fine."이라고 해도된다.

두 단어 04 **My pleasure.** 천만에요.

A Thank you for your kindness.
친절에 감사드립니다.

B My pleasure.
천만에요.

VOCA kindness 친절

> **TIP**
> "My pleasure."는 고맙다는 말에 대한 대답으로 '뭘요', '도와드리게 돼서 제가 기뻐요'라는 의미이다.
> 고맙다는 말에 대한 대답으로 "You're welcome.", "No problem.", "Don't mention it." 등이 올 수 있다.

35

Chapter 02

두 단어 05 Suit yourself. 마음대로 하세요.

A Should I go with you?
제가 같이 가야 하나요?

B It doesn't matter to me. Suit yourself.
저는 아무래도 좋습니다. 마음대로 하세요.

> **TIP**
> "Suit yourself."는 '마음대로 하시오'라는 의미이며, 유사한 표현으로 "Please yourself.", "Do as you like."가 있다.

두 단어 06 My treat. 내가 낼게.

A Who will pay for dinner tonight?
오늘 저녁 식사 누가 계산할 거야?

B My treat.
내가 낼게.

VOCA treat 대접하다, 대접, 한턱 | pay for ~을 지불하다

> **TIP**
> "My treat."은 "It's my treat."을 줄인 표현이다. treat은 명사로 '특별한 것 [선물], 대접, 한턱' 등의 의미를 가진다.
>
> "My treat." 대신 "I'll pay.", "I'll pick up the check."이라는 표현을 사용하기도 한다.

두 단어 07 What's up? 잘 지내니.

A What's up?
잘 지내니?

B Nothing special.
별일 없이 지내.

VOCA nothing 아무것도 | special 특별한

> **TIP**
> "What's up?"은 '요즘 어때?', '잘 지냈어?'라는 의미의 가벼운 인사이며, 안부를 물을 때 사용한다.
> "How're you doing?"으로 대신 쓸 수 있다.

두 단어 08 Hold on. 잠시만 기다리세요.

A Can I speak to Mr. Smith?
Smith 씨하고 통화할 수 있을까요?

B Hold on.
잠시만 기다리세요.

VOCA hold on 기다려라

> **TIP**
> hold는 '손, 발 등으로 잡고 있다'라는 의미의 동사로, hold on은 전화상에서 '수화기를 계속 들고 있어라' 즉, '잠시만 기다리라'는 의미이다.
> "Wait a minute.", "One moment."로 바꾸어 쓸 수 있다.

Chapter 02

두 단어 09 Get real. 정신 차려.

A I hope to become a movie star.
나는 영화 배우가 되고 싶어.

B Get real. It's not that easy.
정신 차려. 그게 그렇게 쉬운 게 아니야.

TIP
"Get real."은 '정신 차려라', '진지하게 해라' 등의 의미이며, 어리석거나 비이성적인 행동이나 말을 할 때 사용하는 표현이다.

VOCA get real 진지하게 하다, 현실을 직시하다 | movie star 영화배우

두 단어 10 Well done! 잘했다!

A I have already finished my report.
나는 이미 보고서 작성을 끝냈어.

B Well done!
잘했다!

TIP
"Well done!"은 '잘했어', '훌륭해'라는 의미로 칭찬할 때 사용할 수 있는 표현으로 "Good job!"으로 바꿔 쓸 수 있다.

두 단어 11 No way! 안 돼요!

A Will you work overtime on Christmas?
크리스마스에 야근해 줄 수 있나요?

B No way!
안 돼요!

VOCA overtime 초과근무

> **TIP**
> "No way!"는 '절대로 안 돼', '절대 싫어' 등의 의미로 부탁에 대한 단호한 거절을 나타내며, 상황에 따라 "No way!"는 '말도 안돼!'라는 의미로 쓰이기도 한다.

두 단어 12 No wonder. 놀랄 일도 아니지.

A I heard that James finally got a promotion.
James가 드디어 승진했다고 들었다.

B No wonder.
놀랄 일도 아니지.

VOCA promotion 승진

> **TIP**
> "No wonder."는 "It is no wonder (that) ~"을 줄인 표현으로 '~것은 전혀 놀랍지 않다 [당연하다]'라는 의미이다.
> *get a promotion 승진하다

Chapter 02

두 단어 13 Can't complain. 잘 지내고 있어.

A ▶ How are you doing?
   어떻게 지내니?

B ▶ Can't complain. You?
   잘 지내고 있어. 너는?

VOCA complain 불평하다

> **TIP**
> "Can't complain"은 직역하면 '불평할 수 없다'라는 뜻으로, '잘 지낸다'는 의미이다.
> 비슷한 뜻의 표현으로 "I have nothing to complain about." 이 있으며, "Pretty good.", "Couldn't be better."도 '아주 잘 지낸다'라는 의미의 표현이다.

두 단어 14 No comment. 말하고 싶지 않습니다.

A ▶ Are you resigning?
   사임할 것입니까?

B ▶ No comment.
   말하고 싶지 않습니다.

VOCA resign 사임하다 | comment 언급하다

> **TIP**
> "No comment."는 "I have no comment."를 줄인 표현으로, 언급하고 싶지 않은 질문에 대답하기 싫을 때 사용하는 표현이다.

두 단어 15 By cash. 현찰로 하겠습니다.

A How would you like to pay?
어떻게 계산하실 것입니까?

B By cash.
현찰로 하겠습니다.

VOCA cash 현찰, 현금

> **TIP**
> "By cash."는 "I'll pay by cash."를 줄인 표현으로 '현금으로 지불하다'는 의미이며, "In cash."라고 해도 된다.
> 카드로 결제할 때에는 "By card."라고 한다.

두 단어 16 Medium, please. 중간으로 구워주세요.

A How would you like your steak?
스테이크 어떻게 해드릴까요?

B Medium, please.
중간으로 구워주세요.

VOCA medium 중간의

> **TIP**
> "Medium, please."는 "I'd like it medium, please."를 줄인 표현이며, "Medium." 이외에 "Well-done." (완전히 익혀주세요), "Mediumrare." (약간 덜 익혀주세요), "Rare." (덜 익혀주세요)라고 대답할 수 있다.

41

Chapter 02

두 단어 17   Check, please. 계산서 좀 주세요.

A Check, please.
계산서 좀 주세요.

B Here it is.
여기 있습니다.

> **TIP**
> "Check, please."는 "Could you bring me a check, please?"를 줄인 표현이며, 그 밖에 계산서를 달라는 표현으로는 "Can I have the bill please?", "May I have the check?" 등이 있다.
>
> "Here it is."는 '여기 있습니다.'라는 표현으로 물건을 건넬 때 사용한다.

두 단어 18   Just traveling. 그냥 여행하려고 왔어요.

A What's the purpose of your visit?
방문 목적이 무엇입니까?

B Just traveling.
그냥 여행하려고 왔어요.

> **TIP**
> 공항에서 흔히 사용하는 대화로 방문 목적을 묻는 내용이다.
>
> "Just traveling." 이 외에 "On business." (업무차 왔어요), "On vacation." (휴가차 왔어요), "Sightseeing." (관광하러 왔어요), "To study." (공부하러 왔어요)로 대답할 수 있다.

두 단어 19 Help yourself. 마음껏 드세요.

A Help yourself.
마음껏 드세요.

B Thank you.
감사합니다.

> **TIP**
> "Help yourself (to the dishes)!"는 '음식을 마음껏 드세요'라는 의미이며, 음식뿐아니라 행동을 권할 때 사용하는 표현이며, 행동을 권하는 상황에서는 "Go ahead."(어서 하세요.)로 바꿔 쓸 수 있다.
> A: Can I use your phone? 네 전화기를 써도 되니?
> B: Sure, help yourself. (=Go ahead.) 물론이야, 마음껏 써.

두 단어 20 No sweat. 문제없어.

A Can you fix the door?
문을 고칠 수 있겠니?

B Yeah, no sweat.
응, 문제없어.

VOCA fix 수리하다 | sweat 땀

> **TIP**
> "No sweat."은 "It's no sweat."을 줄인 표현으로 '별거 아니다', '아무것도 아니다'라는 의미이다.
> 어떤 부탁을 받았을 때 '쉽게 할 수 있어서 땀 한 방울 흘릴 필요 없다'는 뜻과 유사한 표현으로는 "It's no problem.", "Don't worry."가 있다.
> 참고로, "No sweat, no sweet." '땀 흘리지 않으면 달콤함도 없다'라는 표현도 있다.

Chapter 02

두 단어 21 **See you.** 다음에 보자.

A I have to go now.
나 지금 가야 해.

B OK. See you.
알았어. 다음에 보자.

VOCA have to ~해야 한다

> **TIP**
> "See you."는 '또 보자'라는 뜻으로 "See you around[later].", "Catch you later."와 같은 의미이다.

두 단어 22 **How much?** 얼마나?

A Could you lend me some money?
돈 좀 빌려줄래?

B How much?
얼마나?

VOCA lend 빌려주다

> **TIP**
> "How much?"는 "How much money do you need?"를 줄인 표현으로 액수나 양을 물을 때는 how much를 사용한다.
> 참고로 수를 물을 때는 how many를 쓴다.
> cf. How many pencils do you have?
> 넌 연필을 몇 자루 갖고 있니?

두 단어 23 Your choice. 네가 골라.

A What kind of pizza do you want?
어떤 피자를 먹고 싶니?

B Your choice.
네가 골라.

VOCA choice 선택

TIP
"Your choice."는 "It's your choice."를 줄인 표현으로 '네가 선택해', '너 마음대로 해'라는 의미이다.

두 단어 24 Again, please. 다시 한 번 말씀해 주세요.

A Turn down the volume, please.
볼륨 좀 줄여주세요.

B Again, please.
다시 한 번 말씀해 주세요.

VOCA turn down 약하게 하다, 줄이다 | volume 음량, 볼륨

TIP
"Again, please." 또는 "Can you say that again?"은 '다시 한 번 얘기해 주세요'라는 의미이다. 같은 의미의 표현으로 "Pardon?", "Come again."이 있다.

Chapter 02

두 단어 25 Got it. 이해하고 있어.

A Do you understand what I'm saying?
내가 무슨 말을 하는지 알겠니?

B Got it.
이해하고 있어.

> **TIP**
> "Got it."은 "I got it."의 줄임 말로 상대방의 말이나 의도를 이해하고 있다는 뜻이다.

VOCA understand 이해하다

두 단어 26 Never mind. 신경 쓰지 마세요.

A I'm sorry I broke your window.
창문을 깨서 미안합니다.

B I'm OK. Never mind.
괜찮아요. 신경 쓰지 마세요.

> **TIP**
> "Never mind."는 '신경 쓰지 마세요'라는 의미이며, 비슷한 표현으로 "It's OK.", "It's alright." 등이 있다.

두 단어 27 Take care. 잘 지내.

A Take care.
잘 지내.

B You too. I'll be in touch.
너도 잘 지내. 연락할게.

VOCA be in touch 연락하다

> **TIP**
> "Take care."는 헤어질 때 하는 인사로 '잘 지내', '몸 건강해'라는 뜻이며, "Take care of yourself."라고 하기도 한다.

두 단어 28 No problem. 별거 아니야.

A Thank you for lending me your bicycle.
자전거 빌려줘서 고마워.

B No problem.
별거 아니야.

> **TIP**
> "No problem."은 '괜찮아요', '별거 아니에요' 등의 뜻으로 고마움이나 미안함을 나타내는 말에 대한 응답이다.

Chapter 02

두 단어 29 Same here. 나도.

A I'd like to have steak.
스테이크 먹고 싶다.

B Same here.
나도.

TIP
상대방이 하는 말과 자기의 의견이나 생각이 같을 때 "Same here."라고 한다.
have는 '~을 가지다'라는 의미 이외에도 '~을 먹다'라는 뜻으로도 쓴다.

두 단어 30 Nothing much. 그럭저럭 지내.

A What's new, Jack?
Jack, 잘 지내니?

B Nothing much. How about you?
그럭저럭 지내. 너는?

TIP
"Nothing much."는 '별일 없이 그럭저럭 지내다'는 의미로 "The same as usual." '늘 그렇지, 뭐'와 비슷한 의미의 표현이다.
"What's new?"는 "What's up?"과 유사한 표현이다.

두 단어 31 Fat chance. 전혀 기대하지 마.

A Do you think we'll get a raise?
우리 월급이 오를까?

B Fat chance.
전혀 기대하지 마.

VOCA raise 봉급 인상 | fat chance 매우 희박한 가망성

TIP
fat은 '많은', '풍부한' 등의 의미를 가지고 있지만, 이 표현에서는 반어적으로 little 또는 no의 의미로 쓰인다.

"Fat chance."는 부정적인 의미로 '가능성이 거의 없다'라는 의미이며, "No chance."는 '가능성이 전혀 없다'라는 뜻으로 더 강한 부정의 의미를 나타낸다.

두 단어 32 What for? 중국에는 왜 가는데?

A I have to go to China tomorrow.
나 내일 중국에 가야 해.

B What for?
중국에는 왜 가는데?

A For business.
일 때문에.

VOCA for business 사업차

TIP
"What for?"는 '왜?'라는 뜻으로 "Why?"와 같은 의미이다.
"For business."는 '사업차 간다'는 의미이다.

49

Chapter 02

두 단어 33 Have fun. 즐겁게 보내.

A I'm attending the party tonight.
나 오늘 밤 파티에 갈 거야.

B Have fun.
즐겁게 보내.

VOCA attend 참석하다 | have fun 즐겁게 지내다

> **TIP**
> "Have fun."은 '즐겁게 보내라'라는 뜻으로 "Have a good time."과 같은 의미이다.

두 단어 34 Money talks. 돈이면 다 돼.

A How on earth did she get into college?
어떻게 그녀가 대학에 갈 수 있었지?

B Money talks.
돈이면 다 돼.

> **TIP**
> "Money talks."는 직역하면 '돈이 말하다'는 의미로 '돈이면 다 돼'라는 뜻이다.
> 대화에서는 "Her father has donated a scholarship of one million dollars to the college." '그녀의 아버지가 대학에 백만 달러를 장학금으로 기부했어.'의 의미쯤 된다.

두 단어 35 **Afraid not.** 아마도 도와줄 수 없을 거야.

A Can you help me with this report?
보고서 쓰는 거 도와줄 수 있니?

B Afraid not.
아마도 도와줄 수 없을 거야.

VOCA afraid 두려운

> **TIP**
> "Afraid not."은 "I'm afraid not."의 줄임말이며, 완곡하게 거절할 때 사용하는 표현으로 '아마 도와 줄 수 없을 거야'라는 의미이다.

두 단어 36 **Good job.** 잘했다.

A Did you finish your report?
너 보고서 끝냈니?

B Yes, I did.
그래.

A Good job.
잘했다.

VOCA good job 잘했어, 훌륭해

> **TIP**
> "Good job."은 칭찬할 때 사용하는 표현으로 '잘했어'의 의미이다. 같은 뜻의 표현으로 "Well done.", "Excellent." 등이 있다.

51

Chapter 02

두 단어 37   To go. 가져갈 거예요.

A   For here or to go?
여기서 드실 거예요, 가져가실 거예요?

B   To go.
가져갈 거예요.

> **TIP**
> "For here or to go?"는 "Is this for here or to go?"를 줄인 표현으로 패스트푸드점에서 사용하는 표현이다.
> 뜻은 '여기서 드실 거예요, 가져가실 거예요?'라는 의미이다.

두 단어 38   Any questions? 질문 있습니까?

A   Any questions?
질문 있습니까?

B   Nope.
없습니다.

> **TIP**
> "Any questions?"는 "Do you have any other questions?" 또는 "Are there any questions?"의 줄임말이다.
> nope은 no에 해당하는 구어이다.

VOCA   question 질문

두 단어 39 Not bad. 나쁘지 않은 거 같아.

A What do you think of this painting?
이 그림 어떠니?

B Not bad.
나쁘지 않은 거 같아.

VOCA painting 그림

TIP
"Not bad."는 '(그다지) 나쁘지 않은', '꽤 좋은(=quite good)' 등의 의미를 가지고 있으며 위의 대화에서는 "It is not a bad painting."의 줄임말이다.

두 단어 40 Only vitamins. 비타민만 먹고 있습니다.

A Are you taking any medications?
약 먹는 거 있으세요?

B Only vitamins.
비타민만 먹고 있습니다.

VOCA medication 약 | take 섭취하다 | vitamin 비타민

TIP
약을 처방하기 전에 복용하는 약이 있는지를 묻고 답하는 상황으로 병원이나 약국에서 들을 수 있는 대화이다.
"Only vitamins."는 "I'm only taking vitamins."을 줄인 표현이다.

Chapter 02

두 단어 41 Keep going. 계속하세요.

A Can I stop now?
지금 멈출까요?

B Keep going.
아니, 계속하세요.

TIP
"Keep going."은 격려하는 말로 '계속해'라는 의미이다.
"Keep going." 대신 "Continue."라고 해도 된다.

두 단어 42 Pretty good. 매우 맛있어.

A How does that meat taste?
그 고기 어떠니?

B Pretty good.
매우 맛있어.

TIP
"Pretty good."은 "It tastes pretty good."을 줄인 표현으로 '매우 좋다'라는 의미이며, "Very good."과 같은 의미이다.

VOCA meat 고기 | taste 맛을 보다

두 단어 43 Can't wait. 빨리 휴가가 왔으면 좋겠다.

A Our vacation is next week.
우리 휴가가 다음 주야.

B Can't wait.
빨리 휴가가 왔으면 좋겠다.

VOCA vacation 휴가

> **TIP**
> "Can't wait."은 "I can't wait to take our vacation."의 줄임 말이며, 기대감을 나타내는 표현으로 기다릴 수 없을 정도로 매우 기대된다는 의미이다.
> 비슷한 표현으로 "I'm looking forward to it." '휴가가 기대된다'가 있다.

두 단어 44 How many? 몇 장을 복사 할까요?

A Can you make copies of this paper?
이 서류 복사 좀 해주시겠습니까?

B How many?
몇 장을 복사 할까요?

VOCA copy 복사

> **TIP**
> "How many?"는 "How many copies do you need?"의 줄임 말로 셀 수 있는 것을 물을 때 쓰는 표현이다.
> 양이나 액수 등 셀 수 없는 것을 물을 때는 "How much?"를 사용한다.
> cf. How much water do you drink a day? 하루에 물을 얼마나 마시니?

Chapter 02

두 단어 45 **No exception.** 예외는 없습니다.

A Can you please give her one more chance?
그녀에게 한 번의 기회를 더 주시겠습니까?

B No exception.
예외는 없습니다.

> **TIP**
> "No exception."는 "There is no exception."의 줄임말이며, 상대방의 부탁에 대한 부정의 대답으로 '안 된다'는 의미이다.

VOCA exception 예외

두 단어 46 **Nature calls.** 나 화장실 가야 해.

A Nature calls.
나 화장실 가야 해.

B Then, let's take a break for five minutes.
그럼, 5분만 쉬자.

> **TIP**
> "Nature calls."는 '화장실 가야 해'라는 뜻으로 "I have to answer the call of nature." 이라고 해도 된다.
> 다른 표현으로 "I want to wash my hands."가 있다.

VOCA take a break 잠시 휴식을 취하다

두 단어 47　I'm full. 나 배불러.

A Why don't you have some cheesecake?
치즈 케이크 좀 먹어.

B I'm full.
나 배불러.

VOCA　full 배부른

> **TIP**
> "I'm full."은 말 그대로 '배가 부르다.'는 의미이며 "I'm stuffed." 또는 "I've had enough."로 표현해도 된다.

두 단어 48　Cheer up! 기운 내!

A I have lost a lot of money in stock market.
나 주식에서 많은 돈을 잃었어.

B Cheer up!
기운 내!

VOCA　a lot of 많은 | stock market 주식시장

> **TIP**
> "Cheer up!"은 '기운 내라'라는 의미로 상대방을 위로하거나 상대방에게 용기를 줄 때 사용하는 표현이며, "Keep your chin up." '용기를 내'로 바꿔 쓸 수 있다.

Chapter 02

두 단어 49 That's life. 그게 인생이야.

A I failed to get a promotion.
나 승진에 실패했어.

B That's life.
그게 인생이야.

> **TIP**
> "That's life."는 어떤 일이 뜻대로 되지 않았거나, 실망스럽지만 받아들일 수밖에 없는 상황에서 '세상사가 다 그런 거지'라며 한탄하는 표현이다.
> 비슷한 의미의 표현으로 "That's the way life goes." '세상이 다 그런거야'가 있다.

두 단어 50 Brace yourself. 마음 단단히 먹어.

A I have never been on a surfing board.
서핑보드를 해 본 적이 없어.

B Brace yourself.
마음 단단히 먹어.

> **TIP**
> "Brace yourself."는 '마음 단단히 먹어라'라는 의미로 뭔가 쉽지 않은 일을 하기 전에 상대방에게 말할 수 있는 표현이다.

VOCA brace 마음의 준비를 하게 하다, 마음을 다잡다 | surfing board 서핑보드

두 단어 51 Apology accepted. 사과를 받아들이겠습니다.

A Would you accept my apology?
저의 사과를 받아 주시겠습니까?

B Apology accepted.
사과를 받아들이겠습니다.

VOCA accept 받아들이다 | apology 사과

> **TIP**
> "Apology accepted."는 '사과를 받아들이다'라는 의미로 상대방이 자신의 잘못을 사과할 때 그 사과를 받아 준다는 표현이다.

두 단어 52 I agree. 동감이야.

A I think the island is a perfect place for our vacation.
우리 휴가 장소로는 그 섬이 좋다고 생각해.

B I agree.
동감이야.

VOCA place 장소 | agree 동의하다

> **TIP**
> "I agree."는 '동의하다'는 의미로 상대방의 의견에 동의를 나타내는 표현이다.
> 이외의 표현으로 "I absolutely agree." (전적으로 동의해), "That's right." (맞아), "I couldn't agree more." (전적으로 동의해), "You can say that again." (네 말이 맞아) 등이 있다.

Chapter 02

두 단어 53 **Grow up.** 철 좀 들어.

A I want to be a singer.
나는 가수가 되고 싶어.

B Grow up.
철 좀 들어.

VOCA grow up 성장하다

TIP
"Grow up."은 "Why don't you grow up?"의 줄임말로 '나이 값을 해라'라는 의미이다.

두 단어 54 **Kind of.** 조금 좋아해.

A Do you like watching sports games on TV?
TV로 스포츠 경기 보는 거 좋아하니?

B Kind of.
조금 좋아해.

VOCA kind of 약간, 어느 정도

TIP
"Kind of."는 '어느 정도는 그렇다'라는 의미로 부분적인 긍정의 의미를 나타내며, "Sort of."로 바꿔 쓸 수 있다.

두 단어 55 Good luck. 행운을 빌어.

A I have a job interview tomorrow.
나 내일 면접이 있어.

B Good luck.
행운을 빌어.

VOCA interview 인터뷰

TIP
"Good luck."은 "I wish you good luck."의 줄임말이며, '행운을 빌어'라는 의미로 상대방을 응원할 때 쓸 수 있는 표현이다.
같은 의미의 표현으로 "I'll keep my fingers crossed for you." '행운을 빌게'가 있다.

두 단어 56 Going up? 올라가세요?

A Going up?
올라가세요?

B No, going down.
아니요, 내려갑니다.

VOCA go down 내려가다

TIP
"Going up?"은 "Is this going up?"의 줄임말이며, 엘리베이터와 관련된 표현으로 '올라가세요?'의 의미이다.
그 밖에 표현으로는 "Which floor are you going to?" '몇 층 가세요?'가 있다.

61

Chapter 02

두 단어 57 So what? 그래서 뭐?

A She is ten years older than you.
그녀는 너보다 10살이 많아.

B So what?
그래서 뭐?

> **TIP**
> "So what?"은 '그래서 그게 어떻다는 거야?'라는 의미이며, "So what does it matter?"을 줄인 표현으로 상대방 의견에 관심이 없거나 반박할 때 사용한다.

두 단어 58 How come? 왜?

A She broke up with Mike.
그녀는 Mike와 헤어졌어.

B How come?
왜?

> **TIP**
> "How come?"은 '왜?'라는 의미로 "Why?"와 비슷하게 미국인들이 자주 사용하는 표현이다.
> "How come you are angry?"
> '너 왜 화가 났니?'

VOCA break up with ~와 헤어지다

두 단어 59 Beats me. 모르겠습니다.

A How did you get that scar on your forehead?
이마에 상처가 어떻게 생겼습니까?

B Beats me.
모르겠습니다.

VOCA scar 상처 | forehead 이마

> **TIP**
> "Beats me."는 "It beats me."의 줄임말이며, '모르겠다'라는 의미로 비공식적인 자리에서 주로 친한 사이에 사용하는 표현이다.
> 비슷한 의미의 표현으로 "I don't know.", "I have no idea."가 있다.

두 단어 60 Wanna bet? 내기할래?

A Jane will show up no matter what.
Jane은 무슨 일이 있어도 올 거야.

B Wanna bet?
내기할래?

VOCA no matter what ~일지라도, 무슨 일이 있어도 | show up 나타나다

> **TIP**
> "Wanna bet?"은 "Do you want to bet?"의 줄임말이며, '내기할래?', '확실해?' 등의 의미로 내기를 할 만큼 무언가 확신하는 가를 묻는 표현이다.

Chapter 02

두 단어 61 I'm flattered! 과찬이십니다!

A You're the best singer.
당신은 최고의 가수입니다.

B I'm flattered!
과찬이십니다!

VOCA flatter 아첨하다

TIP
"I'm flattered!"는 '과찬이십니다', '천만의 말씀입니다'라는 의미로 상대방의 칭찬에 대한 응답이다.

두 단어 62 Stay focused. 집중 좀 해.

A Where are we?
우리 어디까지 얘기했지?

B Stay focused.
집중 좀 해.

VOCA focus 집중하다

TIP
stay는 '~한 상태를 계속 유지함'을 나타내는 동사로 "Stay focused."는 '집중한 상태를 계속 유지하라' 즉, '집중해라'의 의미가 된다.
참고로, 페이스북 CEO 마크 저커버그가 "Stay focused & keep shipping." (집중하고 계속 가자)라는 글귀를 쓰기도 했다.

두 단어 63 Get lost. 꺼져.

A ▶ I'm really sorry. Please forgive me.
정말 미안해. 용서해 줘.

B ▶ Never. Get lost.
용서 못해. 꺼져.

VOCA　forgive 용서하다

TIP
"Get lost."는 명령형으로 '꺼져버려'라는 의미로 무례하게 들릴 수도 있는 표현이기 때문에 장난치며 농담을 주고받는 친한 사이가 아니라면 사용하지 않는 게 좋다.
비슷한 의미의 표현으로 "Go away." (저리 비켜, 꺼져), "Beat it." (저리 가, 꺼져)등이 있다.

두 단어 64 Calm down. 진정해.

A ▶ How dare you say such a thing to me?
어떻게 내게 그런 말을 할 수 있니?

B ▶ Calm down.
진정해.

VOCA　calm down 진정하다

TIP
"Calm down."은 '진정해', '긴장을 풀어'라는 의미이며, 비슷한 표현으로 "Relax." '진정해' 가 있다.

65

Chapter 02

두 단어 65 Not me. 나는 아니야.

A Who stole my money?
누가 내 돈을 훔쳤니?

B Not me.
나는 아니야.

> **TIP**
> "Not me."는 '나는 아니야.'라는 의미로 "It was not me."의 줄임말이다.

두 단어 66 Try again. 다시 해봐.

A I couldn't open the window.
창문을 열 수가 없어.

B Try again.
다시 해봐.

> **TIP**
> "Try again."은 '다시 해봐'라는 의미이다.

두 단어 67 Who's ahead? 누가 앞서고 있니?

A Who's ahead?
누가 앞서고 있니?

B Our team is up.
우리 팀이 앞서고 있어.

VOCA ahead 앞선 | up 수준·정도가 더 높거나 위에 있음을 나타냄

TIP
"Who's ahead?"는 경기에서 '누가 앞서고 있니?'라는 의미로 "Who's winning?"으로 바꿔 쓸 수 있다.

두 단어 68 Buckle up. 안전벨트 매.

A Buckle up.
안전벨트 매.

B OK.
알았어.

VOCA buckle 버클, 잠금장치

TIP
"Buckle up."은 '안전벨트를 착용해라'라는 의미로 "Fasten your seat belt."와 같은 의미이다.

Chapter 02

두 단어 69 Forget it. 잊어버리세요.

A Forgive me for being late.
늦어서 죄송합니다.

B Forget it.
잊어버리세요.

VOCA forget 잊다

> "Forget it."은 '잊어버려' 또는 '괜찮습니다'라는 의미로 "Forget about it."이라고 표현해도 된다.

두 단어 70 Bottoms up! 원 샷!

A Bottoms up!
원 샷!

B Cheers.
건배.

VOCA bottom 맨 아래, 바닥

> "Bottoms up."은 '잔을 비우자', '쭉 들이키자', '건배하자' 등의 의미이며, "Drink it up!"로 바꿔 쓸 수 있다. 우리가 흔히 사용하는 "One shot!"은 올바른 영어 표현이 아니다.

두 단어 71 I'm coming. 지금 가요.

A We are out of time. Hurry up!
시간 없어. 서둘러!

B I'm coming.
지금 가요.

VOCA out of time 시간이 모자라는 | hurry up 서두르다

> out of time은 '시간이 없다'라는 의미이고, "I'm coming."은 '지금 갈게', '다 되어가요'라는 뜻이다.
> '가다'라는 의미지만, 상대방의 입장에서는 자신에게 오는 것이기 때문에 going이 아니라 coming을 쓴다는 점에 유의하자.

두 단어 72 Fair enough. 알았어.

A I will offer 50 dollars for your bicycle.
너 자전거 50달러에 살게.

B Fair enough.
You can have it for that price.
알았어. 그 가격에 팔게.

VOCA fair 상당한, 제법 큰 | enough 충분한

> "Fair enough."은 '알았어', '그래' 등의 뜻으로 남의 의견에 대해 완전히 이해하거나 동의하는 건 아니지만 그 정도면 받아들이겠다는 의미이다.

Chapter 02

두 단어 73 Why not? 왜 사지 말라는 거야?

A ▸ You had better not buy the book.
그 책을 사지 않는 게 좋겠다.

B ▸ Why not?
왜 사지 말라는 거야?

VOCA had better ~하는 게 좋다

> **TIP**
> "Why not?"은 '왜 안 되는데?'라는 의미로 상대방의 부정에 대한 응답이다. 상황에 따라 '안 될게 뭐 있겠니?(물론이야)' 라는 의미로 상대방의 제안에 대한 동의의 의미를 나타내기도 한다.

두 단어 74 Since when? 언제부터?

A ▸ Did you hear Mike is dating Jane?
Mike하고 Jane이 사귄다는 소식 들었니?

B ▸ Since when?
언제부터?

> **TIP**
> "Since when?"은 '언제부터?'라는 의미로 "Since when did Mike date Jane?"의 줄임말이다.

두 단어 75 That happens. 그런 일도 있는 거지.

A I got ripped off by a cab driver.
나 택시요금 바가지 썼어.

B That happens.
그런 일도 있는 거지.

VOCA happen 일어나다, 발생하다

TIP
"That happens."는 보통 어떤 사람이 겪은 일을 얘기 할 때 '그런 일도 있는 거지', '그건 어쩔 수 없다'라는 의미이다.
get ripped off는 '바가지 쓰다'라는 의미이다.

두 단어 76 Not yet. 아직 못했습니다.

A Have you decided what to do?
뭘 할지 결정했습니까?

B Not yet.
아직 못했습니다.

VOCA decide 결심하다

TIP
"Not yet."은 '아직도 ~않다'라는 의미이며, 이 대화에서 "Not yet."은 "I have not yet decided what to do."의 줄임 말이다.

Chapter 02

두 단어 77 Nothing special. 특별한 일 없어.

A Any plans this Saturday?
이번 주 토요일에 무슨 계획 있니?

B Nothing special.
특별한 일 없어.

> **TIP**
> "Nothing special."은 "I have nothing special."의 줄임말로 '이번 주 토요일에 특별한 계획이 없다'라는 의미이다.

VOCA special 특별한

두 단어 78 Good point. 좋은 지적이야.

A I think we should reduce our living cost.
우리는 생활비를 줄여야 해.

B Good point.
좋은 지적이야.

> **TIP**
> "Good point."은 "That's a good point."의 줄임말로 '좋은 지적이야'라는 의미이다.

VOCA reduce 줄이다 | living cost 생활비 | point 요점, 중요한[기본적인] 사항

72

두 단어 79 Hands off. 손 대지 마.

A Can I take this pizza?
이 피자 먹어도 되니?

B Hands off.
손 대지 마.

VOCA hand off 손을 치우다

> **TIP**
> "Hands off."은 '손 대지 마'라는 의미로 "Get[Take your] hands off the pizza."의 줄임말이다.

두 단어 80 Get in. 차에 타.

A Can you give me a ride home?
집에까지 태워다 줄래?

B Sure. Get in.
물론이야. 차에 타.

VOCA ride 탈 것 get in 차에 타다

> **TIP**
> "Get in."은 '차를 타라'라는 명령문으로 in 다음에 the car가 생략되었다고 생각하면 된다.
> '차에서 내려라'라는 표현은 "Get off."이다.

73

Chapter 02

두 단어 81 | Time's up. 시간이 다 되었어.

A Can I have a few more minutes, professor?
교수님, 몇 분 더 주실 수 없나요?

B No. Time's up.
안 돼. 시간이 다 되었어.

VOCA a few 몇 개의

> **TIP**
> "Time's up."은 '시간이 다 되었어'라는 의미이며, 비슷한 표현으로 "We are out of time." '시간이 없다'가 있다.

두 단어 82 | It's you. 너한테 잘 어울려.

A How is this sweater?
이 스웨터 어떠니?

B It's you.
너한테 잘 어울려.

VOCA sweater 스웨터

> **TIP**
> "It's you."는 '당신과 어울린다'라는 의미이다.
> 비슷한 표현으로 "It looks good on you." '너한테 잘 어울린다' 등이 있다.

두 단어 83 Don't leave. 가지 마.

A It's getting late. I've got to go now.
시간이 늦어지고 있어. 나 지금 가야겠어.

B Don't leave.
가지 마.

> **TIP**
> "Don't leave."는 '가지 마'라는 뜻으로 "Stick around." '계속 있어', '가지 말고 있어'라고도 쓰이며, 비슷한 표현으로 "Hang around here." '가지 말고 여기 있어' 등이 있다.

두 단어 84 All set? 준비됐어요?

A All set?
준비됐어요?

B OK. I'm almost ready.
예. 거의 준비됐어요.

VOCA set 놓다; ~하게 하다

> **TIP**
> "All set?"은 "Are you all set?"을 줄인 표현으로 "Are you ready?"로 바꿔 사용할 수 있다.

Chapter 02

두 단어 85 — Lucky you. 좋겠다.

A Guess what! I won second prize in the lottery.
있잖아! 나 2등 복권에 당첨됐어.

B Lucky you.
좋겠다.

VOCA guess what 있잖아; 맞혀 봐 | lottery 복권

TIP
"Lucky you."는 "How lucky you are."를 줄인 표현이며, '정말 운이 좋구나,' '좋겠다'라는 의미이다.

두 단어 86 — Who cares? 아무도 신경 안 써?

A What should I do if I fail again?
또 떨어지면 어떡하지?

B Who cares? Just do your best.
아무도 신경 안 써. 최선을 다하면 되는 거야.

VOCA care 관심을 가지다

TIP
"Who cares?"는 '누가 신경이나 쓰겠니?' 즉, '아무도 신경 안 써'라는 의미로 비슷한 표현으로 "Does anyone really cares?", "Nobody cares."가 있다.

두 단어 87　Let's see. 어디 보자.

A What time should we make it tomorrow?
내일 우리 몇 시에 만날까?

B Let's see. How about five?
어디 보자. 5시 어때?

> **TIP**
> "Let's see."는 '어디 보자', '글쎄'라는 의미로 어떤 말을 하기 전에 망설이거나 생각을 하면서 쓰는 표현으로 감탄사 well과 의미가 같다.

두 단어 88　You bet. 물론이지.

A I'm having a dinner party at my house. Can you come?
우리 집에서 저녁 식사 파티를 할 거야. 올 수 있지?

B You bet. How can I miss it?
물론이지. 내가 어떻게 그걸 놓치겠니?

> **TIP**
> "You bet."은 '물론이지', '반드시 그렇게 할 게'라는 의미로 상대방의 제안에 동의하거나 의견에 강하게 찬성할 때 쓰는 표현으로 "Certainly."나 "Of course."로 바꿔 쓸 수 있다.

VOCA　bet 돈을 걸다; 틀림없다

Chapter 02

두 단어 89 Say when. 됐으면 말해주세요.

A Do you want some more water?
물을 조금 더 드릴까요?

B Yes, please.
네, 주세요.

A OK. Say when.
알겠습니다. 됐으면 말해주세요.

> **TIP**
> "Say when."은 물이나 음료수를 따라주다 적당한 때 얘기해 달라는 의미의 표현으로 "That's enough." '충분해요' 또는 간단하게 "When." '됐어요'로 대답할 수 있다.

두 단어 90 Listen up! 잘 들어!

A I'm not going to say this again. Listen up!
나 이걸 다시 말하지 않을 거야. 잘 들어!

B Go on. I'm all ears.
말해 봐. 나 귀 기울이고 있어.

> **TIP**
> "Listen up!"은 '잘 들어!'라는 의미로 중요한 말을 하기 전에 쓰는 표현이다. 참고로 "I'm all ears."는 '난 귀 기울이고 있어'라는 의미이다.

VOCA be all ears 귀 기울이다

MEMO

Chapter 03
세 단어 영어로 풍부하게 말해봐!

이 책 한 권이면 영어를
툭! 툭! 내뱉는 게 쉽다고 느껴지실 거예요.
믿으시나요? ^^

Take my word!
(내 말을 믿어!)

chapter 03에서는 영어 세 단어로 쉽게 상황을 말해보세요.
새로운 표현들도 함께 공부할 수 있습니다.

Chapter 03

영어 세 단어로 늘려서 말해보세요.
세 단어 영어면 표현이 풍부해집니다.

세 단어 01 **Good for you.** 잘했다.

A I passed the exam.
나 시험에 합격했어.

B Good for you.
잘했다.

VOCA exam 시험

TIP
"Good for you."는 '잘했어'라는 의미로 상대방을 칭찬하거나, 상대방에게 좋은 일이 생겨 축하해 주는 표현이다.
참고로 good to you는 '너에게 좋은,' '~에게 잘 해주는'의 의미이다.

세 단어 02 **Count me out.** 나는 좀 빼줘.

A Let's play baseball.
우리 야구하자.

B Count me out.
나는 좀 빼줘.

VOCA count (수를) 세다; 포함시키다

TIP
count는 '계산하다', '포함시키다'의 의미이며, "Count me out."은 게임이나 활동을 시작할 때 '나는 빼줘'라는 의미의 표현이다.
참고로 "Count me in."은 '나도 껴줘'라는 의미이다.

세 단어 03 Speak up, please. 큰 소리로 말해주세요.

A Hello, this is Jim. Can I speak to Jane?
저는 Jim인데요. Jane 하고 통화할 수 있을까요?

B Speak up, please.
큰 소리로 말해주세요.

TIP
"Speak up."은 '큰 소리로 말해주세요'라는 의미로, "Speak more loudly."와 같은 의미이다.

VOCA speak up 크게 말하다

세 단어 04 Where to sir? 어디로 모실까요?

A Where to sir?
어디로 모실까요?

B Plaza Hotel, please.
프라자 호텔로 가주세요.

TIP
"Where to?"는 '어디 가세요?'라는 의미로 택시 운전기사가 손님에게 사용하는 표현이며, 손님이 남자인 경우는 뒤에 sir를, 여자인 경우에는 ma'am을 붙인다.

Chapter 03

세 단어 05 Here you go. 여기 있습니다.

A Can I see your ID?
신분증을 보여주시겠습니까?

B Here you go.
여기 있습니다.

VOCA ID(=identification) 신분증

TIP
"Here you go."는 '여기 있습니다'라는 의미로 물건 등을 건넬 때 사용하는 표현이며, "Here it is."로 바꿔 쓸 수 있다.

세 단어 06 Let's eat out. 외식합시다.

A Let's eat out.
외식합시다.

B Sounds good.
좋아요.

VOCA eat out 외식하다 | sound ~인 것 같다

TIP
「Let's+동사원형」은 '~하자'라는 의미로 상대방에게 '권유'나 '제안' 할 때 사용하며, eat out 은 '외식하다'라는 뜻이다.
"Sounds good."은 "It sounds good."의 줄임말이다.

세 단어 07 Shame on you. 부끄러운 줄 알아라.

A I'm sorry I'm late.
지각해서 죄송합니다.

B Shame on you. You're late every day.
부끄러운 줄 알아라. 너는 매일 지각하잖아.

VOCA shame 부끄러움

TIP
"Shame on you."는 "It's shame on you."의 줄임말로, '부끄러운 줄 알아라'라는 의미이다.
잘못된 행동에 대해 상대방을 꾸짖는 표현이다.

세 단어 08 Cash or card? 현금, 카드 어느 것으로 지불하시겠어요?

A Cash or card?
현금, 카드 어느 것으로 지불하시겠어요?

B Card, please.
카드로 하겠습니다.

TIP
"Cash or card?"는 "Will that be cash or card?"의 줄임말로 계산을 현금으로 할 것인지 카드로 할 것인지를 묻는 표현이다.

Chapter 03

세 단어 09 Wish me luck. 행운을 빌어줘.

A I have a job interview tomorrow. **Wish me luck.**
나 내일 입사 면접이 있어. 행운을 빌어줘.

B Good luck with your interview.
면접 잘 보길 바랄게.

> **TIP**
> "Wish me luck."은 '행운을 빌어줘'라는 의미이며, 상대에게 '자신의 일에 행운을 빌어달라'고 청할 때 사용하는 표현이다.

세 단어 10 That's a steal. 참 저렴하게 샀구나.

A I bought this shirt for 5 dollars.
이 셔츠를 5달러 주고 샀다.

B **That's a steal.**
참 저렴하게 샀구나.

VOCA steal 공짜나 다름없이 산 물건

> **TIP**
> "That's a steal."은 '공짜나 마찬가지예요', '횡재했어'라는 의미로 훨씬 싼 가격으로 물건을 구매하거나 판매할 때 사용할 수 있는 표현이다.
>
> steal은 구어체에서 '참 싼 물건'이라는 의미가 있다.
>
> 비슷한 표현으로는 "That's a real bargain." (정말 싸게 샀어, 정말 싸게 사시는 거예요), "You got a good deal." (싸게 샀구나) 등이 있다.

세 단어 11 **So do I.** 나도 좋아해!

A I like apples.
나는 사과를 좋아해.

B So do I.
나도 좋아해.

> **TIP**
> "So do I."는 '나도 좋아해'라는 뜻이며, "I like apples, too."와 같은 의미이다.
> be 동사일 경우 "So am I."라고 말해야 한다.

세 단어 12 **Neither do I.** 나도 좋아하지 않아.

A I don't like his movies.
They are too violent.
나는 그의 영화를 좋아하지 않아.
그의 영화는 너무 폭력적이야.

B Neither do I.
나도 좋아하지 않아.

> **TIP**
> "Neither do I."는 '나도 좋아하지 않아'라는 뜻으로 "I don't like his movies, either."와 같은 의미이다.
> be동사일 경우 "Neither am I."라고 말해야 한다.

Chapter 03

세 단어 13 **Keep the change.** 잔돈은 가지세요.

A **Keep the change.**
잔돈은 가지세요.

B **Thanks.**
감사합니다.

> **TIP**
> change는 '거스름돈', '잔돈'을 의미하며, "Keep the change."는 '잔돈을 가지세요'라는 의미이다.
> 택시를 타서 요금을 지불할 때 사용해보자.

VOCA change 잔돈 | keep 간직하다, 보존하다

세 단어 14 **Never been better.** 아주 잘 되고 있어.

A **How is your business?**
사업 잘 되니?

B **Never been better.**
아주 잘 되고 있어.

> **TIP**
> "Never been better."은 "It has never been better."의 줄임말로 '아주 좋다'라는 의미이다.
> "Never better."라고 할 수도 있다.

VOCA business 사업, 장사

세 단어 15 I mean it. 진심이야.

A Do you really want to quit the job?
너 정말 회사를 그만 둘 거야?

B Yes, I mean it.
그래, 진심이야.

VOCA mean 의미하다

> "I mean it."은 '진심[진담]이야', '농담이 아냐'라는 뜻으로 "I'm serious."와 유사한 의미를 가지고 있다.

세 단어 16 Yes and no. 잘 모르겠어.

A Are you interested in the new project?
새로운 프로젝트에 관심 있니?

B Yes and no.
잘 모르겠어.

VOCA project 프로젝트 | be interested in ~에 관심이 있다

> **TIP**
> "Yes and no."는 '그렇기도 하고 그렇지 않기도 하다'라는 뜻으로 질문에 대해 분명한 대답을 할 수 없을 때 사용한다.

Chapter 03

세 단어 17 Without a doubt. 반드시 돌아올 거야.

A Would you come back to Seoul again?
서울에 다시 올 거니?

B Without a doubt.
반드시 돌아올 거야.

VOCA come back 돌아오다 | doubt 의심, 의혹

> **TIP**
> "Without a doubt."은 '의심할 여지없이', '틀림없이'라는 의미로 대화의 내용상 '서울에 반드시 다시 돌아올 것이다'라는 의미가 된다.
>
> "Without a doubt." 대신 "Yes, for sure." '물론이지'라고 해도 된다.

세 단어 18 Better than before. 전보다 좋아졌어.

A How's your leg?
너 다리 어떠니?

B Better than before.
전보다 좋아졌어.

> **TIP**
> "Better than before."는 "It is better than it was before."의 줄임말로 '이전보다 좋아'라는 의미이다.
>
> 전보다 더 안 좋아진 경우에는 "Worse than before."라는 표현을 사용한다.

세 단어 19 Around the corner. 저 모퉁이에 있습니다.

A Where is the post office?
우체국이 어디에 있습니까?

B Around the corner.
저 모퉁이에 있습니다.

VOCA post office 우체국 | around 주위에

TIP
"Around the corner."는 '저 모퉁이에 있습니다'라는 의미로 "It's around the corner."의 줄임말이다.

상황에 따라 around the corner가 '코앞에 와 있는', '목전에 있는'이라는 의미로 사용되기도 한다.

cf. The summer vacation is just around the corner. 곧 여름 방학이다.

세 단어 20 Coke or Sprite? 콜라를 드릴까요 아니면 사이다를 드릴까요?

A Coke or Sprite?
콜라를 드릴까요 아니면 사이다를 드릴까요?

B Coke, please.
콜라 주세요.

TIP
"Coke or Sprite?"는 '콜라를 마실 것인지 사이다를 마실 것인지'를 묻는 표현으로 "Would you like Coke or Sprite?"의 줄임말이다.

참고로 미국에서는 사이다는 없고, 사이다를 마시고 싶으면 Sprite를 달라고 해야 한다.

Chapter 03

세 단어 21 Break a leg! 잘해라!

A I have my first performance tomorrow.
내일 첫 번째 공연이 있어.

B Break a leg!
잘해라!

TIP
"Break a leg!"은 '잘해', '행운을 빌어', '힘 내'라는 의미로 상대방을 격려하는 표현이다.

VOCA performance 공연

세 단어 22 What's your point? 네 말의 요점은 뭐니?

A What's your point?
네 말의 요점은 뭐니?

B My point is that we need your help.
내 요점은 우린 네 도움이 필요하다는 거야.

TIP
point는 '요점'이란 뜻으로 "What's your point?"은 '네 말의 요점은 뭐니?'라는 의미이다.
비슷한 표현으로 "What's your bottom line?"이 있다.

VOCA point 요점

세 단어 23 Just in case. 혹시 몰라서.

A Why did you bring the umbrella?
우산은 왜 가지고 왔니?

B Just in case.
혹시 몰라서.

VOCA case 경우, 사례

TIP
"Just in case."는 '혹시 몰라서', '만일을 대비해서'라는 의미이며, 이 대화에서는 "Just in case it's raining."의 줄임말로 혹시 '비가 올지 몰라서'의 의미이다.

세 단어 24 Where were we? 우리 어디까지 했지?

A Where were we?
우리 어디까지 했지?

B Page 32.
32페이지입니다.

TIP
"Where were we?"는 '우리 어디까지 했지?'라는 의미로 수업 중에 선생님이 학생들에게 진도를 묻는 경우 또는 중간에 대화를 이어 갈 때도 사용할 수 있다.

Chapter 03

세 단어 25 — Be my guest. 그러세요.

A Do you mind if I use the phone?
이 전화를 써도 될까요?

B Be my guest.
그러세요.

TIP
"Be my guest."는 상대방의 부탁을 들어주며 하는 말로 '좋을 대로 해', '그러세요' 등의 의미이다.

VOCA guest 손님

세 단어 26 — Where am I? 여기가 어디죠?

A Where am I?
여기가 어디죠?

B This is the Trade Center.
무역센터입니다.

TIP
"Where am I?"는 '여기가 어디입니까?'라는 의미이며, 여럿이 함께 있을 때에는 "Where are we?"라고 한다.

VOCA Trade Center 무역센터

세 단어 27 Let me check. 제가 알아보겠습니다.

A Do you have this shirt in a size Large?
이 셔츠 large 사이즈 있어요?

B Let me check.
제가 알아보겠습니다.

VOCA check 검토하다, 확인하다

> **TIP**
> "Let me check."은 "Let me check if we have the shirt in a size Large."의 줄임말로 '확인해 보겠습니다', '알아보겠습니다'라는 의미이다.

세 단어 28 You name it. 뭐든 말만 해.

A Can you do me a favor?
부탁 좀 들어줄래?

B You name it.
뭐든 말만 해.

VOCA name 지명하다

> **TIP**
> "You name it."은 '뭐든 말만 해'라는 의미로 상대방의 부탁을 흔쾌히 수락할 때 쓰는 표현이다.

Chapter 03

세 단어 29 What a coincidence! 정말 우연이군요!

A I'm from Korea.
나는 한국에서 왔습니다.

B What a coincidence! So am I.
정말 우연이군요! 나도 한국 사람입니다.

VOCA coincidence 우연의 일치

> **TIP**
> "What a coincidence!"는 '정말 우연이군요!'라는 의미로 뜻하지 않은 일임을 나타낼 때 사용한다.

세 단어 30 I'm in trouble. 나 곤경에 처했어요.

A What's the matter with you?
무슨 문제라도 있나요?

B I'm in trouble.
나 곤경에 처했어요.

VOCA in trouble 곤경에 처한

> **TIP**
> in trouble은 '곤경에 빠져서', '난처하여'등의 의미를 가지고 있다.
> 좀 더 강조할 때에는 "I'm in big trouble." '큰 곤경에 처했어'라고 할 수 있다.

세 단어 31 I knew it. 내가 그럴 줄 알았어.

A Tom broke up with his girlfriend.
Tom이 여자 친구와 헤어졌어.

B I knew it.
내가 그럴 줄 알았어.

> **TIP**
> "I knew it."은 '내가 그럴 줄 알았어'라는 의미로 대명사 it은 'Tom broke up with his girlfriend.'를 의미한다.

세 단어 32 As you wish. 원하신다면요.

A Would you sing a song for me?
나를 위해 노래를 불러 줄래요?

B As you wish.
원하신다면요.

VOCA wish 바라다, 소망

> **TIP**
> "As you wish."는 '당신이 원하신다면요'라는 의미로 부탁을 흔쾌히 수락할 때 사용할 수 있는 표현이다.

Chapter 03

세 단어 33   She dumped me. 그녀가 나를 찼어.

A   She dumped me.
그녀가 나를 찼어.

B   Oh, really?
오, 정말?

VOCA   dump 차버리다

> **TIP**
> dump은 '(애인을) 차다'라는 의미이며, "Oh, really?"는 놀람을 나타낼 때 사용하는 표현으로 '정말?', '설마?' 등의 의미이다.

세 단어 34   It sounds good. 좋아요.

A   How about going to the movies tomorrow?
내일 영화 보러 가는 거 어때요?

B   It sounds good.
좋아요.

VOCA   sounds good 좋아

> **TIP**
> "It sounds good."은 '좋은 생각이야'라는 의미로 상대방의 의견에 동의할 때 사용한다.
> "Sounds good."이라고 해도 된다.

세 단어 35 I was impressed. 감동을 받았어요.

A How was the movie?
그 영화 어땠어요?

B I was impressed.
감동을 받았어요.

VOCA impressed 인상 깊은

> **TIP**
> 「be impressed」는 '감동을 받다'라는 의미로 뒤에 대상이 오는 경우 전치사 with를 사용한다.
> ex. I'm impressed with the movie. (영화에 감동했어요.)

세 단어 36 Did it work? 효과가 있었나요?

A I drank a lot of orange juice to prevent from getting a cold.
감기를 방지하기 위해 오렌지 주스를 많이 마셨어요.

B Did it work?
효과가 있었나요?

VOCA prevent 방지하다 | work 작동하다, 효과가 있다

> **TIP**
> "Did it work?"은 '효과가 있었니?'라는 의미로, 동사 work는 '일하다'라는 의미 이외에 '(약이 사람에게) 잘 듣다', '효과가 있다'라는 의미를 가진다.

Chapter 03

세 단어 37 Take that back. 그 말 취소해.

A I don't think you are strong enough to do that.
   난 네가 그것을 할 만큼 강하다고 생각하지 않아.

B Take that back.
   그 말 취소해.

> **TIP**
> "Take something back."은 '~을 반품하다; ~을 회수하다'라는 의미로, 대화 내용상 "Take that back."은 '그 말을 취소해'라는 의미의 명령문이다.
>
> that은 상대방이 말한 것을 의미하는 대명사로 it으로 바꿔 써도 된다.

세 단어 38 I envy you. 네가 부럽다.

A I bought a sports car last month.
   나 지난달에 스포츠카 샀어.

B I envy you.
   네가 부럽다.

> **TIP**
> "I envy you."는 '나는 네가 부럽다'라는 의미이다.

VOCA envy 질투하다

세 단어 39 No big deal. 별거 아니야.

A Are you sure it doesn't hurt?
너 안 아픈 거 맞아?

B No big deal. I have a slight cut.
별거 아니야. 살짝 베였어.

> **TIP**
> "No big deal."은 "It's no big deal."의 줄임말로 '별일 아니다', '대수롭지 않다'라는 의미이다.

VOCA slight 약간의, 경미한 cut 베인 상처, 베다, 자르다 hurt 다치게 하다, 상처

세 단어 40 That's all. 그게 전부예요.

A Do you need anything else except this chair?
이 의자 외에 다른 필요한 거 있나요?

B No, that's all.
아니요, 그게 전부예요.

> **TIP**
> "That is all."은 '그게 전부야'라는 의미로 "That is all I need."의 줄임말이다.

VOCA except ~외에

Chapter 03

세 단어 41 It's my turn. 내 차례야.

A Who's turn to cook tonight?
오늘 밤은 누가 요리할 차례지?

B It's my turn.
내 차례야.

> **TIP**
> turn은 명사로 '(무엇을 할) 차례, 순번'의 의미이며 "It's my turn."은 '내 차례야'라는 뜻이다.
> in turn은 '교대로'라는 의미로 "Let's drive in turns."는 '교대로 운전하자'라는 의미이다.

세 단어 42 Just a feeling. 그냥 감이야.

A How did you know that he stole your watch?
그가 너의 시계를 훔쳤는지 어떻게 알았니?

B Just a feeling.
그냥 감이야.

> **TIP**
> feeling은 '감' 즉, '예감', '직감'을 의미한다.
> "Just a feeling."은 "I just have a feeling that he stole my watch."의 줄임말이다.

VOCA steal 훔치다 | feeling 느낌, 기분

세 단어 43 Take your time. 천천히 하세요.

A When do I have to fix this car by?
이 차를 언제까지 고쳐야 하나요?

B Take your time.
천천히 하세요.

> **TIP**
> "Take your time."은 '너무 서두르지 말고 하던 것을 천천히 해라.'라는 의미이다.
> 이 표현은 상대방이 뭔가를 서두르며 하려고 할 때 쓸 수 있다.

세 단어 44 You owe me. 너 나한테 빚졌다.

A You owe me. Don't forget it.
너 나한테 빚졌다. 잊지 마라.

B Thank you for your help.
도와줘서 고마워.

> **TIP**
> owe는 '~에게 빚을 지거나 신세를 지다'라는 의미로 "You owe me."는 '너 나한테 빚졌어'라는 의미이고, "I owe you."는 '나 너에게 큰 빚[신세]을 졌어'라는 의미이다.

VOCA owe 빚지다, 신세를 지고 있다

Chapter 03

세 단어 45 Take a guess. 추측해 봐.

A I don't know who is going to receive the award.
누가 상을 받을지 모르겠다.

B Take a guess.
추측해 봐.

> **TIP**
> "Take a guess."은 '추측해 봐라'라는 의미로, "Take a guess who is going to receive the award."의 줄임말이다.

VOCA receive 받다 | award 상 | guess 추측, 추측하다

세 단어 46 Same to you! 너나 꺼져!

A Get lost!
꺼져!

B Same to you!
너나 꺼져!

> **TIP**
> "Same to you!"는 인사에 대한 답으로 '당신도 그러기를 바라요'라는 의미와 상대방의 모욕 등에 대한 대꾸로 '당신도 마찬가지야'라는 의미가 있다.
> 이 문장에서는 상대방의 모욕에 대한 대꾸이다.

세 단어 47 It takes time. 시간이 좀 걸립니다.

A How long will it take to learn how to ski?
스키 타는 거 배우는 데 얼마나 걸릴까요?

B It takes time.
시간이 좀 걸립니다.

> **TIP**
> "It takes time."은 "It takes time to learn how to ski."의 줄임말이다.
> take는 '(시간이) 걸리다'라는 의미로, 「it takes 사람 + 시간」은 '~에게 시간이 걸리다'라는 의미가 있다.
> ex. It takes me an hour to get to the City Hall. 시청에 가는 데 1시간이 걸린다.

세 단어 48 I got lost. 길을 잃었어요.

A Why were you late today?
오늘 왜 늦었니?

B Because I got lost.
왜냐하면 길을 잃었어요.

> **TIP**
> "I got lost."는 '길을 잃어버렸다'라는 의미이다.

VOCA get lost 길을 잃다

Chapter 03

세 단어 49 Go fifty-fifty. 반반 나누어 내자.

A Let me pay for the bill today.
오늘 내가 낼게.

B No. Go fifty-fifty.
아니. 반반 나누어 내자.

> **TIP**
> "Go fifty-fifty."는 '돈을 각자 내자' 혹은 '따로 계산하자'라는 의미이다.
> 의미가 같은 표현으로 "Split the bill."이 있다.

VOCA fifty-fifty 반반

세 단어 50 God only knows. 아무도 몰라요.

A Who do you think will be the winner?
누가 승자가 될까요?

B God only knows.
아무도 몰라요.

> **TIP**
> "God only knows."은 '오직 신만 알 수 있다'라는 의미로 '아무도 모른다'는 뜻이다.

VOCA winner 승리자

세 단어 51 Not a clue. 모르겠어.

A Do you know what happened to Liz?
Liz에게 무슨 일이 생겼는지 아니?

B Not a clue.
모르겠어.

TIP
"Not a clue."은 '전혀 모르겠다'라는 의미로 "I have no idea."와 같은 의미이다.

VOCA clue 실마리

세 단어 52 Don't be silly. 바보 같은 소리 하지 마.

A I'd like to live alone.
나는 혼자 살고 싶어.

B Don't be silly.
바보 같은 소리 하지 마.

TIP
"Don't be silly."는 '어리석게[바보같이] 굴지 마'라는 의미로, "Don't be fooled."와 같은 의미이다.

VOCA silly 어리석은 | would like to ~하고 싶다

Chapter 03

세 단어 53 That will do! 충분히 했어!

A Can I play the computer game for another ten minutes?
컴퓨터 게임을 10분 더해도 될까요?

B That will do!
충분히 했어!

VOCA another 또 다른

TIP
"That will do."는 '그것으로 됐다', '그것으로 충분하니 이제 그만둬라'라는 의미이다.
이와 비슷한 의미로 "That's enough."가 있다.

세 단어 54 If you insist. 정 그러시다면.

A I'll treat you to dinner tonight.
제가 오늘 저녁 사겠습니다.

B If you insist.
정 그러시다면.

TIP
"If you insist."는 "If you insist on doing it."의 줄임말로 '정 그러시다면', '원하신다면' 등의 의미로 쓴다.

세 단어 55 **Keep in touch.** 연락하자.

A Sorry, but I have to go now.
미안하지만, 나 지금 가야 해.

B OK. Keep in touch.
알았어. 연락하자.

VOCA keep in touch 연락하다

> **TIP**
> "Keep in touch."는 '연락하다'라는 의미로 전화, 메일, 편지 등으로 계속 연락을 하며 지내는 것을 말한다.

세 단어 56 **It was nothing.** 별것 아니였어요.

A Thank you very much for your kindness.
친절하게 해 주셔서 감사합니다.

B It was nothing.
별것 아니었어요.

> **TIP**
> "It was nothing."은 고맙다는 말에 대한 응답으로 '별것 아니었다'라는 의미이다.

Chapter 03

세 단어 57 — That's a relief. 다행입니다.

A Nobody got seriously hurt.
아무도 심하게 다치지 않았습니다.

B That's a relief.
다행입니다.

> **TIP**
> "That's a relief."는 '정말 다행입니다'라는 의미로, 안도를 나타내며, 같은 의미의 표현으로 "What a relief."라고 해도 된다.

VOCA nobody 아무도 ~않다 | seriously 심각하게 | relief 안심

세 단어 58 — Is Jack there? Jack 있나요?

A Is Jack there?
Jack 있나요?

B Hold on, please.
잠시만 기다리세요.

> **TIP**
> "Is Jack there?"은 전화 통화를 할 때 'Jack 있습니까?'라는 의미이다. "Is Jack there?" 대신 "Can I speak to Jack?"이라고 표현해도 된다.

세 단어 59 Don't be picky. 까다롭게 굴지 마.

A I don't want to eat the carrots in the food.
음식에 있는 당근은 먹고 싶지 않아.

B Don't be picky.
까다롭게 굴지 마.

> **TIP**
> "Don't be picky."는 '까다롭게 굴지 마'라는 의미로 여기서는 "Don't be picky about food."의 줄임말이다.

VOCA carrot 당근 | picky 까다로운

세 단어 60 Stop nagging me. 내게 잔소리 하지 마.

A Don't waste your time and make good use of it.
시간을 낭비하지 말고 잘 활용해라.

B Stop nagging me.
내게 잔소리 하지 마.

> **TIP**
> nag는 '잔소리를 하다', '바가지를 긁다'라는 의미로 "Stop nagging me."는 '잔소리를 하지 마', '바가지를 그만 긁어라'라는 뜻이다.
> 「stop+동명사」는 '~하는 것을 멈추다'라는 의미이다.

VOCA waste 낭비하다 | make good use of ~을 잘 이용하다 | nag 잔소리를 하다

Chapter 03

세 단어 61 Are you kidding? 농담하니?

A Are you kidding?
농담하니?

B No, I'm serious.
아니, 진담이야.

VOCA kid 농담하다

TIP
"Are you kidding?" 또는 "Are you kidding me?"는 '너 농담하니?'라는 의미로 엄청 놀라운 소식을 들어 믿어지지 않을 때 사용하는 표현이다.
참고로 "No kidding."은 '장난 아니야'라는 의미이다.

세 단어 62 Don't rush me. 재촉하지 마.

A Are you done yet?
아직 끝내지 못했니?

B Don't rush me.
재촉하지 마.

VOCA rush 재촉하다

TIP
"Don't rush me."는 '재촉하지 마', '다그치지 마'라는 의미이며, 비슷한 표현으로 "Don't be so pushy."가 있다.

세 단어 63 He really sucks. 밥맛이야.

A How's your new manager?
새로운 부장님 어떠니?

B He really sucks.
밥맛이야.

VOCA manager 매니저 | suck 빨아 먹다; 형편없다

TIP
suck은 원래 '빨아 먹다'라는 의미지만, 속어로 '엉망이다', '형편없다'라는 의미가 있다. 정말 싫거나 혐오감을 주는 사람이나 물건을 말할 때 사용할 수 있다.

세 단어 64 Don't be ridiculous! 그게 무슨 소리야!

A I think I should be on a diet.
나 다이어트 해야 할 것 같아.

B Don't be ridiculous! You look fine.
그게 무슨 소리야! 너 보기 아주 좋아.

VOCA ridiculous 말도 안 되는, 터무니없는

TIP
"Don't be ridiculous!"는 '그게 무슨 소리니', '웃기지 말아요'라는 의미로, 상대방이 터무니 없는 소리를 할 때 쓸 수 있는 표현이다.

113

Chapter 03

세 단어 65 Down that way. 저쪽으로 가세요.

A Where is the restroom?
화장실이 어디죠?

B Down that way.
저쪽으로 가세요.

> **TIP**
> "Down that way."는 "The restroom is down that way."의 줄임말이다.

VOCA restroom 화장실

세 단어 66 Knock it off. 시끄러워.

A I didn't mean to ruin your birthday party.
너의 생일파티를 망치려는 의도는 아니었어.

B Knock it off.
시끄러워.

> **TIP**
> "Knock it off."는 '그만 해', '입 닥쳐' 등의 의미로, "Would you stop that?" '그만 할래?', "Cut it out!" '닥쳐' 등으로 대신 표현할 수 있다.

VOCA ruin 망치다

세 단어 67 Bring him in. 들여보내세요.

A A man named Collins came to see you.
Collins라는 분이 찾아왔습니다.

B Bring him in.
들여보내세요.

> **TIP**
> "Bring him in."은 '그를 (내 방으로) 들여 보내세요'라는 의미로 "Let's bring him in."이라고 표현할 수도 있다.

세 단어 68 That's too harsh. 너무하시네요.

A If you don't finish the report, you have to work overtime.
이 보고서 마치지 못하면 야근해야 한다.

B That's too harsh.
너무하시네요.

> **TIP**
> be too harsh는 '지나치다'라는 의미이며, "That's too harsh." 대신 "You're too harsh."라고 표현해도 된다.

VOCA   harsh 가혹한

115

Chapter 03

세 단어 69 Take my word. 내 말을 믿어.

A Are you sure it doesn't hurt?
안 아픈 거 확실해?

B Take my word.
내 말을 믿어.

> **TIP**
> "Take my word."는 "You can take my word for it."을 줄인 표현으로 "Believe me.", "Trust me."보다 강한 의미를 나타낸다. 참고로 "I will take your word for it."은 '네 말을 믿을 게'라는 의미이다.

세 단어 70 That was close. 큰일 날 뻔했네.

A Hey, watch out! A bus is coming.
야, 조심해! 버스가 오고 있어.

B Whew! That was close. You just saved my life.
휴! 큰일 날 뻔했네. 덕분에 살았어.

> **TIP**
> close는 '근소한 차이'라는 의미를 나타내며, "That was close."는 '큰 일 날 뻔했어'라는 의미이다.

VOCA watch out 조심해라 | save 구하다

세 단어 71 What's the harm? 손해 볼 게 뭐 있어?

A I have no courage to ask her out.
그녀에게 데이트 신청할 용기가 없어.

B Come on! What's the harm?
왜 그래! 손해 볼 게 뭐 있어?

> **TIP**
> "What's the harm?"은 '손해 볼 게 뭐 있어?'라는 의미로, 비슷한 표현으로 "It won't hurt." (해서 나쁠 건 없다), "There's nothing to lose." (밑져야 본전이다)가 있다.

VOCA courage 용기 | ask ~ out ~에게 데이트를 신청하다 | harm 해, 피해

세 단어 72 Now you're talking. 좋은 생각이야.

A Why don't we have a cup of coffee and talk about it?
우리 커피 한 잔 하면서 그것에 대해 이야기하는 게 어때?

B Now you're talking.
좋은 생각이야.

> **TIP**
> "Now you're talking."은 상대방이 마음에 드는 제안을 할 때나 또는 내 생각과 같은 내용을 말할 때 동의를 나타내는 표현이다. "It's a good idea."와 같은 의미이다. "Why don't we ~?"는 '~하는게 어때'라는 의미로 상대방에게 뭔가를 제안할 때 사용한다.

Chapter 04
네 단어 이상 영어로 원어민처럼 말해봐!

간단하고 정확하게 말하기!
절대 어렵지 않아요.

1 2 3 4 +

It's a piece of cake!
(식은 죽 먹기야!)

chapter 04에서는 네 단어 이상으로 말할 수 있는 표현들을 소개합니다.
함께 배우는 표현을 일상에서 자연스럽게 말해 보세요!

Chapter 04

 영어를 더욱 길게~ 길게~ 말해보세요.
네 단어 이상 영어로 원어민처럼 말할 수 있습니다.

네 단어 01 It's on the house. 무료로 드리는 거예요.

A Here is a cheesecake for you.
여기 치즈 케이크 있습니다.

B I didn't order it.
주문하지 않았는데요.

A It's on the house.
무료로 드리는 거예요.

> **TIP**
> "on the house"는 '(술집이나 식당에서 술·음식이) 무료로 제공되는'이라는 의미이다.
> free, free of charge, for nothing은 모두 '공짜의', '무료의'라는 의미에 해당하는 표현들이다.

VOCA order 주문하다

네 단어 02 Is this train for King's Cross? 이 기차가 King's Cross에 가나요?

A Is this train for King's Cross?
이 기차가 King's Cross에 가나요?

B Yes.
네.

> **TIP**
> '~에 간다'라는 표현으로 go, come 등의 동사를 이용하지 않고도 표현이 가능하다.
> 이 표현에서 전치사 for는 방향을 나타낸다.
> "Does this train go to King's Cross?"로도 표현할 수 있다.

네 단어 03 Let's grab a bite. 뭘 좀 간단히 먹자.

A I'm hungry.
나 배고파.

B Let's grab a bite.
뭘 좀 간단히 먹자.

VOCA grab 붙잡다[움켜잡다] | bite (음식의) 한 입, 한 입의 분량

TIP
bite는 '한 입', '소량의[가벼운] 식사'의 의미로, "Let's grab a bite."는 '뭘 좀 간단히 먹자'라는 의미이다.

네 단어 04 What brings you here? 여기에 무슨 일로 왔니?

A What brings you here?
여기에 무슨 일로 왔니?

B I'm here to attend a seminar.
세미나에 참석하려고 왔어.

VOCA seminar 세미나

TIP
"What brings you here?"은 '여기에 무슨 일로 왔니?', '여기 웬일이니?'라는 의미이며, 「I'm here to + 부정사」로 답할 수 있다.

121

Chapter 04

네 단어 05 It's a piece of cake. 식은 죽 먹기야.

A Do you know how to make a cake?
너 케이크 어떻게 만드는지 아니?

B Yeah, it's a piece of cake.
응, 식은 죽 먹기야.

> **TIP**
> "It's a piece of cake."은 '식은 죽 먹기야'라는 의미로, 같은 뜻의 표현으로 "It's as easy as pie."가 있다.

네 단어 06 I am on a diet. 다이어트 중이야.

A Why did you skip dinner?
저녁은 왜 안 먹었니?

B I am on a diet.
다이어트 중이야.

> **TIP**
> on a diet는 '다이어트 중'이라는 표현이다.

VOCA skip 거르다, 건너뛰다 | on a diet 다이어트 중

네 단어 07 Over my dead body. 절대 안 돼.

A I love Mike and I'm going to marry him!
나는 Mike를 사랑해서 그와 결혼할 거예요!

B Over my dead body.
절대 안 돼.

> **TIP**
> "Over my dead body."는 직역하면 '내 죽은 몸 위로 걸어가라'라는 의미로 '절대 허락할 수 없다'는 의미이다.
> 비슷한 표현으로는 "No way." (절대 안 돼), "Not in a million years." (어림없다)가 있다.

네 단어 08 I am on duty now. 지금 근무 중이야.

A Let's have a drink.
한잔하자.

B I am on duty now.
지금 근무 중이야.

VOCA on duty 근무 중

> **TIP**
> on duty는 '업무 중'이라는 뜻이고 off duty는 '비번'이라는 뜻이다.

123

Chapter 04

네 단어 09 **Pull over there, please.** 차를 저쪽에 세워 주세요.

A Pull over there, please.
차를 저쪽에 세워 주세요.

B OK.
알았습니다.

> **TIP**
> pull over는 '정차하거나 다른 차가 지나가도록 길 한쪽으로 차를 대다.'라는 의미로 경찰관들이 사용하는 표현이기도 하다.

VOCA pull over 차를 길가로 붙이다

네 단어 10 **Be punctual next time.** 다음엔 시간 엄수해.

A I'm sorry for being late.
늦어서 미안해.

B Be punctual next time.
다음엔 시간 엄수해.

> **TIP**
> be punctual은 '시간을 지키다'라는 뜻이다. "Be punctual."과 같은 의미의 표현으로는 "Don't be late.", "Be on time." 등이 있다.

VOCA punctual 시간을 엄수하는

네 단어 11 **Step on it, please.** 속력을 내주세요.

A Step on it, please.
속력을 내주세요.

B OK.
알겠습니다.

> **TIP**
> "Step on it."은 '빨리 차를 몰아'라는 뜻의 명령문으로 it은 자동차의 accelerator를 의미한다.

VOCA step on it (차를) 세게[빨리] 밟다

네 단어 12 **I had a long day.** 오늘 힘든 날이었어.

A You look tired today.
너 오늘 피곤해 보인다.

B Yes, I had a long day.
그래, 오늘 힘든 날이었어.

> **TIP**
> a long day는 '시간은 안 가고, 힘들고, 바쁜 날'을 의미한다.

125

Chapter 04

네 단어 13 It's up to you. 그것은 너한테 달렸어.

A Can we get the contract?
우리가 계약을 체결할 수 있을까?

B It's up to you.
그것은 너한테 달렸어.

> **TIP**
> "It's up to you."는 '그것은 너한테 달렸어.'라는 의미로 "It depends on you."로 바꿔 쓸 수 있다.

VOCA contract 계약

네 단어 14 I was so touched. 매우 감동을 받았어.

A Did you hear his speech?
그의 연설 들었니?

B Yes, I was so touched.
응, 매우 감동을 받았어.

> **TIP**
> "I'm so touched."는 '매우 감동을 받았다'라는 의미로, touch는 '손대다'라는 의미 이외에 '영향이나 감동을 주다'라는 의미가 있다.
> 비슷한 표현으로 "I'm impressed."가 있다.

VOCA speech 연설 | touched 감동받은

네 단어 15 I'm aching all over. 온몸이 쑤셔.

A What's wrong with you?
너 무슨 일 있니?

B I'm aching all over.
온몸이 쑤셔.

VOCA ache 아프다 | all over 곳곳에

> **TIP**
> "I'm aching all over."는 '온몸이 쑤시고 몸살이 난다.'는 의미이며, all over는 '곳곳에[온 데]'라는 뜻이다.

네 단어 16 Can I take a rain check? 다음을 기약해도 될까요?

A Are you coming over for dinner tonight?
오늘 저녁 식사하러 오시겠어요?

B Can I take a rain check?
다음을 기약해도 될까요?

VOCA rain check 다른[다음] 기회

> **TIP**
> rain check이란 '우천 교환권'이란 뜻으로, 경기·공연 등이 비가 와서 취소될 경우 나중에 쓸 수 있도록 주는 티켓을 의미한다.
> "Can I take a rain check?"은 '다음을 기약해도 될까요?'라는 의미로 '오늘은 갈 수 없고 다음에 가겠다'는 뜻이다.

Chapter 04

네 단어 17   I hit every light. 신호등마다 다 걸렸어.

A   What took you so long?
왜 이렇게 오래 걸렸니?

B   I hit every light.
신호등마다 다 걸렸어.

> **TIP**
> hit every light는 '모든 신호등에 걸리다'라는 의미이며 "I hit every light."는 "I caught every light."와 같은 표현이다.

VOCA

네 단어 18   I was sick of his lies. 그의 거짓말에 신물이 나.

A   Why did you break up with James?
왜 James하고 헤어졌니?

B   I was sick of his lies.
그의 거짓말에 신물이 나.

> **TIP**
> be sick of는 '~에 넌더리 나다', '신물이 나다' 등의 의미로, 여기서 sick은 '아프다'가 아니라 '질리다'라는 의미로 사용된다.

VOCA   break up with ~와 헤어지다   be sick of 싫증나다

네 단어 19 Let's call it a day. 퇴근하자.

A What time is it now?
지금 몇 시니?

B It's six thirty. Let's call it a day.
6시 30분이야. 퇴근하자.

VOCA

TIP
call it a day는 '퇴근하다', '일과를 끝내다'라는 의미로 "Let's call it a day."는 '오늘 일을 마치자'라는 의미이다. 밤에는 call it a night라고도 한다.

네 단어 20 Between you and me, 우리끼리 이야기인데,

A Between you and me, but he is going to resign.
우리끼리 이야기인데, 그는 사직하려고 해.

B Really?
정말?

VOCA between ~사이에

TIP
"Between you and me."는 "This is between you and me."의 줄임말로 상대방에게 비밀을 얘기할 때 사용할 수 있는 표현이다.
비슷한 의미의 표현으로 "Between ourselves."가 있다.

Chapter 04

네 단어 21 **What a small world!** 세상 참 좁구나!

A I ran into my high school teacher yesterday.
어제 고등학교 때 선생님을 우연히 만났어.

B What a small world!
세상 참 좁구나!

> **TIP**
> "What a small world!"는 '세상 참 좁다!'라는 의미로 예상치 못하게 누군가를 만났거나, 상대방과 같은 사람을 알고 있을 때 사용할 수 있는 표현이다.

VOCA run into 우연히 마주치다

네 단어 22 **Leave it to me.** 내가 할게.

A I don't have time to finish the report.
보고서를 마칠 시간이 없다.

B Leave it to me.
내가 할게.

> **TIP**
> "Leave it to me."는 '저에게 맡겨주세요', '내가 할게' 라는 의미이며, 이 대화에서 it은 to finish the report를 의미한다.

VOCA finish 마치다

네 단어 23 **If I have time.** 시간이 되면.

A Can you get me some fruits from the market?
시장에서 과일 좀 사다 줄래?

B If I have time.
시간이 되면.

TIP
"If I have time."은 '시간이 있으면 사다 줄게.'라는 의미이다.

VOCA   fruit 과일

네 단어 24 **So far so good.** 지금까지는 아주 좋아.

A How's your business going?
사업은 어떠니?

B So far so good.
지금까지는 아주 좋아.

TIP
"So far so good."은 '지금까지는 아주 좋아.'라는 의미이다.

VOCA   so far 지금까지

131

Chapter 04

네 단어 25 **Hear me out, please.** 내 말을 끝까지 들어주세요.

A Would you stop now?
그만 중단하시겠습니까?

B Hear me out, please.
내 말을 끝까지 들어주세요.

> **TIP**
> hear out은 '누군가의 말을 끝까지 듣다'라는 뜻으로 "Hear me out."은 '내 말을 끝까지 들어주세요'라는 의미이다.

네 단어 26 **I can't make it.** 갈 수 없어.

A Can you come to the party tonight?
오늘 밤 파티에 올 수 있니?

B I can't make it.
갈 수 없어.

> **TIP**
> "I can't make it."은 상대방의 제안을 거절할 때 사용할 수 있는 표현으로 내용상 '갈 수 없다'라는 의미이다.

네 단어 27 Just matter of time. 시간문제야.

A Do you think John can be a lawyer?
John이 변호사가 될 수 있을까?

B Just matter of time.
시간문제야.

VOCA lawyer 변호사 matter 문제, 사건

TIP
"Just matter of time."은 '그저 시간문제일 뿐이다'라는 의미로 언제가 될지는 확실히 알 수 없지만, 분명히 일어날 것임을 뜻한다.
"It's just matter of time."의 줄임말이다.

네 단어 28 Please, fill it up. 가득 채워주세요.

A How much do you want?
얼마나 넣어 드릴까요?

B Please, fill it up.
가득 채워주세요.

VOCA fill up 가득 채우다

TIP
"Please fill it up."은 '기름을 차에 가득 채워라'라는 표현으로 "Please fill her up."이라고 해도 된다.

133

Chapter 04

네 단어 29 **First come, first served.** 선착순입니다.

A How can I get the concert tickets?
콘서트 티켓을 어떻게 구하나요?

B First come, first served.
선착순입니다.

> **TIP**
> "First come first served."는 '선착순입니다'라는 의미로 내용상 "The tickets are available on a first come, first served basis."의 줄임말이다.

네 단어 30 **Please, hang in there.** 좀 더 버텨 봐.

A I want to quit the job.
나는 일을 그만 두고 싶다.

B Please, hang in there.
좀 더 버텨 봐.

> **TIP**
> hang in there는 '(역경에도) 굴하지 않다, 꿋꿋이 버티다'라는 의미이다. "Stick it out."과 같은 의미이다.

VOCA hang in 견디다, 버티다

네 단어 31 — I didn't mean it. 진심이 아니었어.

A Did you tell her you wanted to break up with her?
그녀에게 헤어지자고 말했니?

B I didn't mean it.
진심이 아니었어.

> **TIP**
> "I didn't mean it."은 '그런 뜻은 아니었는데요', '진심이 아니었습니다'라는 의미로, 좀 더 강조하려면 "I really didn't mean it."이라고 한다.

네 단어 32 — Been thinking about it. 생각 중이야.

A Are you going to join the book club?
너 독서 클럽에 가입할 거니?

B Been thinking about it.
생각 중이야.

> **TIP**
> "Been thinking about it."은 "I have been thinking about it."의 줄임말로 '생각 중이야'라는 의미이다.

Chapter 04

네 단어 33   It's on me today. 오늘은 내가 살게.

A Drinks are on me.
술은 내가 살게.

B No, it's on me today.
아니야, 오늘은 내가 살게.

> **TIP**
> "It's on me."는 '음식 값을 내가 낼게'라는 의미로 "I'll get the bill."이라고도 표현할 수 있다.

VOCA   drinks 술

네 단어 34   Because I am broke. 나 파산 상태거든.

A Why did you sell your car?
왜 자동차를 팔았니?

B Because I am broke.
나 파산 상태거든.

> **TIP**
> "I am broke."는 '빈털터리예요', '완전 파산 상태예요'라는 의미이다.

VOCA   sell 팔다 | broke 무일푼의

네 단어 35 — Are you in line? 줄을 서고 있는 건가요?

A Are you in line?
줄을 서고 있는 건가요?

B Yes, I am.
네, 그렇습니다.

VOCA stand in line 줄 서다

> **TIP**
> "Are you in line?"은 '줄을 서고 있는 건가요?'라는 의미이다.
> 참고로 "Don't cut in line."은 '새치기하지 마라'라는 뜻이다.

네 단어 36 — He is dead drunk. 그는 완전히 취했어.

A What's wrong with him? Is he sick?
그에게 무슨 일 있니? 아프니?

B No, he is dead drunk.
아니, 그는 완전히 취했어.

VOCA drunk 술에 취한

> **TIP**
> "He is dead drunk."는 '그는 완전히 취했다'라는 의미이며, dead를 빼고 "He is drunk."라고 하면 '그는 취했다' 정도의 뉘앙스가 된다.
> 술과 관련된 표현으로 "He is wasted." (술이 떡이 됐다), "He has a terrible hangover." (숙취가 심하다) 등이 있다.

Chapter 04

네 단어 37 **Long time no see.** 오랜만이야.

A How are you doing?
잘 지내니?

B Fine, Jack. Long time no see.
잘 지내, Jack. 오랜만이야.

> **TIP**
> "Long time no see."는 '오랜만이야'라는 의미이며, 같은 뜻의 표현으로 "It's been a long time."이 있다.

네 단어 38 **I live by myself.** 나 혼자 살아.

A Do you live with your parents?
부모님하고 함께 사니?

B No, I live by myself.
아니, 나 혼자 살아.

> **TIP**
> by oneself는 '혼자', '혼자 힘으로'라는 뜻으로 alone과 같은 의미이다.

네 단어 39 Room number 1002, please. 1002호 좀 연결해 주세요.

A Room number 1002, please.
1002호 좀 연결해 주세요.

B One moment, please.
잠깐만 기다리세요.

> **TIP**
> "Room number 1002, please."는 "Would you put me through to the room number 1002, please?"의 줄임말이다.

네 단어 40 Don't talk back to me. 내게 말대꾸하지 마.

A Don't talk back to me.
내게 말대꾸하지 마.

B Okay, I won't.
알았어요, 안 그럴게요.

VOCA talk back 말대꾸하다

> **TIP**
> talk back은 '말대꾸하다'라는 뜻으로 "Don't talk back to me."는 '말대꾸하지 마'라는 의미이다.
> 같은 의미의 표현으로 "Stop talking back to me."가 있다.

Chapter 04

네 단어 41 **I think he is something.** 대단한 사람인 것 같아.

A What do you think of your boss?
너의 상사를 어떻게 생각하니?

B I think he is something.
대단한 사람인 것 같아.

VOCA something 중요한 것

> **TIP**
> something은 '중요한[훌륭한] 사람', '대단한 인물'이란 뜻으로 "He is something."은 '그는 대단한 사람이다'라는 의미이다.

네 단어 42 **I won't be long.** 오래 걸리지 않을 거예요.

A How long are you going to use the bathroom?
얼마 동안 화장실을 사용할 거니?

B I won't be long.
오래 걸리지 않을 거예요.

> **TIP**
> "I won't be long."은 '곧 돌아올게요', '오래 걸리지 않을 거예요'라는 의미이다. long은 시간을 나타내는 표현으로 사용한다.

네 단어 43 You screwed me up. 네가 나를 망쳤어.

A You screwed me up.
네가 나를 망쳤어.

B No, it's not my fault.
아니야, 내 잘못이 아니야.

VOCA screw up 망치다 | fault 잘못

> **TIP**
> screw up은 '어떤 일이나 물건을 망치다(mess up)'라는 뜻으로, "You screwed me up."은 '네가 나를 망쳤다'라는 의미이다.
> 비슷한 표현으로 "You ruined me."가 있다.

네 단어 44 Jessica stood me up. Jessica가 나를 바람 맞혔어.

A Why are you so upset?
왜 화가 났니?

B Jessica stood me up.
Jessica가 나를 바람 맞혔어.

VOCA upset 화가 난

> **TIP**
> 「stand+someone+up」은 '누구를 바람 맞히다'라는 의미이다.

Chapter 04

네 단어 45 Who's in charge here? 여기 책임자가 누구입니까?

A Who's in charge here?
여기 책임자가 누구입니까?

B Mr. Han.
Mr. Han입니다.

VOCA in charge ~을 맡은[담당인]

> **TIP**
> in charge는 '~을 맡은[담당인]'의 의미로 "Who's in charge here?"는 '여기 책임자가 누구입니까?'라는 의미이다.

네 단어 46 I told you so. 그러게 내가 뭐랬어.

A Eddie was cheating on me.
Eddie가 바람을 피웠어.

B I told you so.
그러게 내가 뭐랬어.

VOCA cheat on 바람을 피우다

> **TIP**
> "I told you so."는 '그러게 내가 뭐랬어', '내가 그랬잖아', '그렇다니까' 등의 의미를 가지고 있으며, 이와 비슷한 표현으로 "I knew it." (그럴 줄 알았어)가 있다.

네 단어 47 You got ripped off. 너 바가지 썼다.

A I bought this phone for 250 dollars.
이 전화기를 250달러 주고 샀어.

B You got ripped off.
너 바가지 썼다.

VOCA get ripped off 바가지 쓰다

TIP
rip off는 '바가지를 씌우다'라는 의미로, "You got ripped off."는 '너 바가지 썼다'라는 뜻으로 상대방이 물건을 비싸게 주고 샀을 때 사용할 수 있는 표현이다.

네 단어 48 It's due on Monday. 월요일입니다.

A When is the report due?
보고서 마감일이 언제죠?

B It's due on Monday.
월요일입니다.

VOCA due ~하기로 되어 있는[예정된]

TIP
due는 '~하기로 되어 있는', '예정된'이란 의미로 "It's due on Monday."는 '마감이 월요일입니다'라는 뜻이다.
참고로, "When is the due date?" (마감일이 언제 입니까?), "When is the baby due?" (출산 예정이 언제예요?) 등은 "When is the ~" (언제예요?)라고 말하고 싶을 때 사용하는 패턴이다.

Chapter 04

네 단어 49 We just broke even. 본전은 했어요.

A How did our sales go last month?
지난달 영업실적이 어때요?

B We just broke even.
본전은 했어요.

VOCA break even 본전치기하다 | deficit 적자 | loss 손실

TIP
break even은 '(사업 등이) 본전 치기를 하다', '이익도 손해도 안 보다'라는 의미이다. 참고로, '적자를 내다'라는 의미의 표현은 show a loss[deficit], go into the red이고, '흑자를 내다'라는 의미의 표현은 go into the black이다.

네 단어 50 Give me a break, please! 한 번만 봐주세요!

A You were speeding.
Show me your license, please.
과속을 하셨습니다. 면허증을 보여 주세요.

B Give me a break, please!
한 번만 봐주세요!

VOCA license 면허증

TIP
"Give me a break, please!"는 "Could you give me a break?"의 줄임말로, '한 번만 봐주세요'의 의미이다.

네 단어 51   **The more, the better.** 많으면 많을수록 좋아요.

A   How much oil do you want?
기름을 얼마만큼 원해요?

B   **The more, the better.**
많으면 많을수록 좋아요.

TIP
"The more, the better."는 '많으면 많을수록 좋아'라는 의미로 이 대화에서는 "If the oil is more, it is better."의 의미이다.

네 단어 52   **I'll take it.** 그걸로 살게요.

A   How about this yellow hat?
이 노란 모자 어때요?

B   **I'll take it.**
그걸로 살게요.

TIP
"I will take it."은 '그것을 가져가겠어요', '그것을 사겠습니다'라는 의미이다. 참고로 "You can take it."은 '그것을 가져가도 돼'라는 의미이다.

145

Chapter 04

네 단어 53 · Either will do. 아무거나 상관없습니다.

A Which car do you want, this one or that one?
이 자동차를 원하세요, 아니면 저 자동차를 원하세요?

B Either will do.
아무거나 상관없습니다.

> **TIP**
> "Either will do."는 '둘 중에 어떤 것이든 괜찮아요.'라는 의미로, either는 2개의 경우 any는 3개 이상의 경우에 사용한다.
> "Either will do."는 "Either of the two cars will do."의 줄임말이다.

VOCA either (둘 중) 어느 하나(의) | which 어떤, 어느

네 단어 54 · None of your business. 네가 상관할 바가 아니야.

A Why don't you apologize to her?
그녀에게 사과하는 게 어때?

B Keep out of it. None of your business.
참견하지 마. 네가 상관할 바가 아니야.

> **TIP**
> "None of your business."는 "This is none of your business."를 줄인 표현으로 business는 '사업'이라는 뜻 이외에 '개인적인 일'이라는 뜻이 있다.
> 즉, '네 일이 아니니 참견하지 마'라는 의미로, 비슷한 의미의 표현으로 "Keep your nose out of this." (참견하지 마) 등이 있다.

MEMO

CHECK UP!
배운 영어 표현 우리말을 보며 말해봐!

학습한 표현들을 유용하게 사용하기 위해
복습은 꼭 필요합니다!

CHECK UP에는 본문과 함께
그동안 배운 영어 표현이 우리말로 작성되어있습니다.
우리말을 먼저 보고 영어로 소리 내어 말해보세요.

이제는 상황에 따라 입에서 바로 나오는
쉽고 간단한 영어를 경험하게 됩니다.

CHECK UP!

우리말을 보며 영어로 말해볼까요?

한 단어 01
- **A** Thank you for your advice.
- **B** 언제든지 얘기하세요.

한 단어 02
- **A** Shall I call you tonight or tomorrow morning?
- **B** 언제든 좋습니다.

한 단어 03
- **A** Would you mind closing the window?
- **B** 물론입니다.

한 단어 04
- **A** Samuel failed to get a promotion.
- **B** 믿을 수가 없네.

한 단어 05
- **A** How are you today?
- **B** 좋아.

한 단어 06
- **A** Are you sure she is our new boss?
- **B** 확실해.

한 단어 07
- **A** Have you finished your assignment?
- **B** 거의.

한 단어 08
- **A** Can you come to the party tomorrow?
- **B** 아마도.

한 단어 09
- **A** Do you think you will pass the exam?
- **B** 물론이지!

한 단어 10
- **A** How much time do you need to fix the computer?
- **B** 상황에 따라 달라요.

한 단어 11
- **A** Our team finally got into the finals.
- **B** 훌륭하다!

한 단어 12
- **A** I'm going to quit my job.
- **B** 진심이에요?

한 단어 13
A) The prices have risen too much these days.
B) 맞아.

한 단어 14
A) I bought a sports car.
B) 굉장하군!

한 단어 15
A) Can you show me the way to the city hall?
B) 다시 한 번 말해주시겠어요?

한 단어 16
A) Your proposal was not chosen.
B) 젠장!

한 단어 17
A) Can I ask you a favor?
B) 뭐든지 말만 해.

한 단어 18
A) Would you try that seafood again?
B) 절대 먹지 않을 거야.

한 단어 19
A) Come and visit us again, please.
B) 물론이죠.

한 단어 20
A) How was the movie?
B) 매우 재미있었어.

한 단어 21
A) My wife gave birth to a healthy boy yesterday.
B) 축하해.

한 단어 22
A) You mean I can get a 10% discount?
B) 그렇습니다!

한 단어 23
A) Look at these flowers.
B) 예쁘다.

한 단어 24
A) We're getting a divorce.
B) 말도 안 되는 소리 하지 마!

CHECK UP!

우리말을 보며 영어로 말해볼까요?

한 단어 25
- A: Can I speak to Jack?
- B: 전데요.

한 단어 26
- A: Here is the deal. If you clean the table, I will do the dishes.
- B: 좋아.

한 단어 27
- A: Hurry up! We are gonna be late for the movie.
- B: 진정해. We've got plenty of time.

한 단어 28
- A: Are you crying? What's wrong with you?
- B: 아무것도 아니야.

한 단어 29
- A: 아이쿠! I made a mistake again.
- B: There you go again. You're always making mistakes.

한 단어 30
- A: 맙소사! You scared me to death.
- B: Sorry, I didn't mean it.

한 단어 31
- A: Hello, Brain. How have you been these days?
- B: Pretty good. 넌 어떠니?

한 단어 32
- A: This is not what I wanted.
- B: 뭐 어쩌라고!

한 단어 33
- A: I want you to work with James to organize the project.
- B: 제발요. I can't work with him.

한 단어 34
- A: Hi, Greg! How's everything with you?
- B: 그저 그래.

한 단어 35
- A: Look at the dress over there. Isn't it pretty?
- B: 아름다워! Let's go and have a look.

한 단어 36
- A: Mom, let me sleep over at Susan's house, please.
- B: Why do you keep on insisting? My answer is no. 그만해!

두 단어 01
A- Do you need the copy machine?
B- 먼저 쓰세요.

두 단어 02
A- One cheese burger and one large size coke, please.
B- 다른 거는 필요 없으세요?

두 단어 03
A- Let me give you a ride to the hotel.
B- 그러실 필요 없습니다.

두 단어 04
A- Thank you for your kindness.
B- 천만에요.

두 단어 05
A- Should I go with you?
B- It doesn't matter to me. 마음대로 하세요.

두 단어 06
A- Who will pay for dinner tonight?
B- 내가 낼게.

두 단어 07
A- 잘지내니?
B- Nothing special.

두 단어 08
A- Can I speak to Mr. Smith?
B- 잠시만 기다리세요.

두 단어 09
A- I hope to become a movie star.
B- 정신 차려. It's not that easy.

두 단어 10
A- I have already finished my report.
B- 잘했다!

두 단어 11
A- Will you work overtime on Christmas?
B- 안 돼요!

두 단어 12
A- I heard that James finally got a promotion.
B- 놀랄 일도 아니지.

CHECK UP!

우리말을 보며 영어로 말해볼까요?

두 단어 13
- **A** How are you doing?
- **B** 잘 지내고 있어. You?

두 단어 14
- **A** Are you resigning?
- **B** 말하고 싶지 않습니다.

두 단어 15
- **A** How would you like to pay?
- **B** 현찰로 하겠습니다.

두 단어 16
- **A** How would you like your steak?
- **B** 중간으로 구워주세요.

두 단어 17
- **A** 계산서 좀 주세요.
- **B** Here it is.

두 단어 18
- **A** What's the purpose of your visit?
- **B** 그냥 여행하려고 왔어요.

두 단어 19
- **A** 마음껏 드세요.
- **B** Thank you.

두 단어 20
- **A** Can you fix the door?
- **B** Yeah, 문제없어.

두 단어 21
- **A** I have to go now.
- **B** OK. 다음에 보자.

두 단어 22
- **A** Could you lend me some money?
- **B** 얼마나?

두 단어 23
- **A** What kind of pizza do you want?
- **B** 네가 골라.

두 단어 24
- **A** Turn down the volume, please.
- **B** 다시 한 번 말씀해 주세요.

두 단어 25
A Do you understand what I'm saying?
B 이해하고 있어.

두 단어 26
A I'm sorry I broke your window.
B It's OK. 신경 쓰지 마세요.

두 단어 27
A 잘 지내.
B You too. I'll be in touch.

두 단어 28
A Thank you for lending me your bicycle.
B 별거 아니야.

두 단어 29
A I'd like to have steak.
B 나도.

두 단어 30
A What's new, Jack?
B 그럭저럭 지내. How about you?

두 단어 31
A Do you think we'll get a raise?
B 전혀 기대하지 마.

두 단어 32
A I have to go to China tomorrow.
B 중국에는 왜 가는데?
A For business.

두 단어 33
A I'm attending the party tonight.
B 즐겁게 보내.

두 단어 34
A How on earth did she get into college?
B 돈이면 다 돼.

두 단어 35
A Can you help me with this report?
B 아마도 도와줄 수 없을 거야.

두 단어 36
A Did you finish your report?
B Yes, I did.
A 잘했다.

CHECK UP!

우리말을 보며 영어로 말해볼까요?

두 단어 37
- **A** For here or to go?
- **B** 가져갈 거예요.

두 단어 38
- **A** 질문 있습니까?
- **B** Nope.

두 단어 39
- **A** What do you think of this painting?
- **B** 나쁘지 않은 거 같아.

두 단어 40
- **A** Are you taking any medications?
- **B** 비타민만 먹고 있습니다.

두 단어 41
- **A** Can I stop now?
- **B** 아니, 계속하세요.

두 단어 42
- **A** How does that meat taste?
- **B** 매우 맛있어.

두 단어 43
- **A** Our vacation is next week.
- **B** 빨리 휴가가 왔으면 좋겠다.

두 단어 44
- **A** Can you make copies of this paper?
- **B** 몇 장을 복사 할까요?

두 단어 45
- **A** Can you please give her one more chance?
- **B** 예외는 없습니다.

두 단어 46
- **A** 나 화장실 가야 해.
- **B** Then, let's take a break for five minutes.

두 단어 47
- **A** Why don't you have some cheesecake?
- **B** 나 배불러.

두 단어 48
- **A** I have lost a lot of money in stock market.
- **B** 기운 내!

두 단어 49
A- I failed to get a promotion.
B- 그게 인생이야.

두 단어 50
A- I have never been on a surfing board.
B- 마음 단단히 먹어.

두 단어 51
A- Would you accept my apology?
B- 사과를 받아들이겠습니다.

두 단어 52
A- I think the island is a perfect place for our vacation.
B- 동감이야.

두 단어 53
A- I want to be a singer.
B- 철 좀 들어.

두 단어 54
A- Do you like watching sports games on TV?
B- 조금 좋아해.

두 단어 55
A- I have a job interview tomorrow.
B- 행운을 빌어.

두 단어 56
A- 올라가세요?
B- No, going down.

두 단어 57
A- She is ten years older than you.
B- 그래서 뭐?

두 단어 58
A- She broke up with Mike.
B- 왜?

두 단어 59
A- How did you get that scar on your forehead?
B- 모르겠습니다.

두 단어 60
A- Jane will show up no matter what.
B- 내기할래?

우리말을 보며 영어로 말해볼까요?

두 단어 61
A: You're the best singer.
B: 과찬이십니다!

두 단어 62
A: Where are we?
B: 집중 좀 해.

두 단어 63
A: I'm really sorry. Please forgive me.
B: Never. 꺼져.

두 단어 64
A: How dare you say such a thing to me?
B: 진정해.

두 단어 65
A: Who stole my money?
B: 나는 아니야.

두 단어 66
A: I couldn't open the window.
B: 다시 해봐.

두 단어 67
A: 누가 잎서고 있니?
B: Our team is up.

두 단어 68
A: 안전벨트 매.
B: OK.

두 단어 69
A: Forgive me for being late.
B: 잊어버리세요.

두 단어 70
A: 원 샷!
B: Cheers.

두 단어 71
A: We are out of time. Hurry up!
B: 지금 가요.

두 단어 72
A: I will offer 50 dollars for your bicycle.
B: 알았어. You can have it for that rice.

두 단어 73
A You had better not buy the book.
B 왜 사지 말라는 거야?

두 단어 74
A Did you hear Mike is dating Jane?
B 언제부터?

두 단어 75
A I got ripped off by a cab driver.
B 그런 일도 있는 거지.

두 단어 76
A Have you decided what to do?
B 아직 못했습니다.

두 단어 77
A Any plans this Saturday?
B 특별한 일 없어.

두 단어 78
A I think we should reduce our living cost.
B 좋은 지적이야.

두 단어 79
A Can I take this pizza?
B 손 대지 마.

두 단어 80
A Can you give me a ride home?
B Sure. 차에 타.

두 단어 81
A Can I have a few more minutes, professor?
B No. 시간이 다 되었어.

두 단어 82
A How is this sweater?
B 너한테 잘 어울려.

두 단어 83
A It's getting late. I've got to go now.
B 가지 마.

두 단어 84
A 준비됐어요?
B OK. I'm almost ready.

CHECK UP!

우리말을 보며 영어로 말해볼까요?

두 단어 85
- A: Guess what! I won second prize in the lottery.
- B: 좋겠다.

두 단어 86
- A: What should I do if I fail again?
- B: 아무도 신경 안 써. Just do your best.

두 단어 87
- A: What time should we make it tomorrow?
- B: 어디 보자. How about five?

두 단어 88
- A: I'm having a dinner party at my house. Can you come?
- B: 물론이지. How can I miss it?

두 단어 89
- A: Do you want some more water?
- B: Yes, please.
- A: OK. 됐으면 말해주세요.

두 단어 90
- A: I'm not going to say this again. 잘 들어!
- B: Go on. I'm all ears.

세 단어 01
- A: I passed the exam.
- B: 잘했다.

세 단어 02
- A: Let's play baseball.
- B: 나는 좀 빼줘.

세 단어 03
- A: Hello, this is Jim. Can I speak to Jane?
- B: 큰 소리로 말해주세요.

세 단어 04
- A: 어디로 모실까요?
- B: Plaza Hotel, please.

세 단어 05
- A: Can I see your ID?
- B: 여기 있습니다.

세 단어 06
- A: 외식합시다.
- B: Sounds good.

세 단어 07
A I'm sorry I'm late.
B 부끄러운 줄 알아라. You're late every day.

세 단어 08
A 현금, 카드 어느 것으로 지불하시겠어요?
B Card, please.

세 단어 09
A I have a job interview tomorrow. 행운을 빌어줘.
B Good luck with your interview.

세 단어 10
A I bought this shirt for 5 dollars.
B 참 저렴하게 샀구나.

세 단어 11
A I like apples.
B 나도 좋아해.

세 단어 12
A I don't like his movies. They are too violent.
B 나도 좋아하지 않아.

세 단어 13
A 잔돈은 가지세요.
B Thanks.

세 단어 14
A How is your business?
B 아주 잘 되고 있어.

세 단어 15
A Do you really want to quit the job?
B Yes, 진심이야.

세 단어 16
A Are you interested in the new project?
B 잘 모르겠어.

세 단어 17
A Would you come back to Seoul again?
B 반드시 돌아올 거야.

세 단어 18
A How's your leg?
B 전보다 좋아졌어.

CHECK UP!

우리말을 보며 영어로 말해볼까요?

세 단어 19
- **A** Where is the post office?
- **B** 저 모퉁이에 있습니다.

세 단어 20
- **A** 콜라를 드릴까요 아니면 사이다를 드릴까요?
- **B** Coke, please.

세 단어 21
- **A** I have my first performance tomorrow.
- **B** 잘해라!

세 단어 22
- **A** 네 말의 요점은 뭐니?
- **B** My point is that we need your help.

세 단어 23
- **A** Why did you bring the umbrella?
- **B** 혹시 몰라서.

세 단어 24
- **A** 우리 어디까지 했지?
- **B** Page 32.

세 단어 25
- **A** Do you mind if I use the phone?
- **B** 그러세요.

세 단어 26
- **A** 여기가 어디죠?
- **B** This is the Trade Center.

세 단어 27
- **A** Do you have this shirt in a size Large?
- **B** 제가 알아보겠습니다.

세 단어 28
- **A** Can you do me a favor?
- **B** 뭐든 말만 해.

세 단어 29
- **A** I'm from Korea.
- **B** 정말 우연이군요! So am I.

세 단어 30
- **A** What's the matter with you?
- **B** 나 곤경에 처했어요.

세 단어 31
A Tom broke up with his girl friend.
B 내가 그럴 줄 알았어.

세 단어 32
A Would you sing a song for me?
B 원하신다면요.

세 단어 33
A 그녀가 나를 찼어.
B Oh, really?

세 단어 34
A How about going to the movies tomorrow?
B 좋아요.

세 단어 35
A How was the movie?
B 감동을 받았어요.

세 단어 36
A I drank a lot of orange juice to prevent from getting a cold.
B 효과가 있었나요?

세 단어 36
A I don't think you are strong enough to do that.
B 그 말 취소해.

세 단어 38
A I bought a sport car last month.
B 네가 부럽다.

세 단어 39
A Are you sure it doesn't hurt?
B 별거 아니야. I have a slight cut.

세 단어 40
A Do you need anything else except this chair?
B No. 그게 전부에요.

세 단어 41
A Who's turn to cook tonight?
B 내 차례야.

세 단어 42
A How did you know that he stole your watch?
B 그냥 감이야.

CHECK UP!

우리말을 보며 영어로 말해볼까요?

세 단어 43
- A: When do I have to fix this car by?
- B: 천천히 하세요.

세 단어 44
- A: 너 나한테 빚졌다. Don't forget it.
- B: Thank you for your help.

세 단어 45
- A: I don't know who is going to receive the award.
- B: 추측해 봐.

세 단어 46
- A: Get lost!
- B: 너나 꺼져!

세 단어 47
- A: How long will it take to learn how to ski?
- B: 시간이 좀 걸립니다.

세 단어 48
- A: Why were you late today?
- B: Because 길을 잃었어요.

세 단어 49
- A: Let me pay for the bill today.
- B: No. 반반 나누어 내자.

세 단어 50
- A: Who do you think will be the winner?
- B: 아무도 몰라요.

세 단어 51
- A: Do you know what happened to Liz?
- B: 모르겠어.

세 단어 52
- A: I'd like to live alone.
- B: 바보 같은 소리 하지 마.

세 단어 53
- A: Can I play the computer game for another ten minutes?
- B: 충분히 했어!

세 단어 54
- A: I'll treat you to dinner tonight.
- B: 정 그러시다면.

세 단어 55
A: Sorry, but I have to go now.
B: OK. 연락하자.

세 단어 56
A: Thank you very much for your kindness.
B: 별것 아니였어요.

세 단어 57
A: Nobody got seriously hurt.
B: 다행입니다.

세 단어 58
A: Jack 있나요?
B: Hold on, please.

세 단어 59
A: I don't want to eat the carrots in the food.
B: 까다롭게 굴지 마.

세 단어 60
A: Don't waste your time and make good use of it.
B: 내게 잔소리하지 마.

세 단어 61
A: 농담하니?
B: No, I'm serious.

세 단어 62
A: Are you done yet?
B: 재촉하지 마.

세 단어 63
A: How's your new manager?
B: 밥맛이야.

세 단어 64
A: I think I should be on a diet.
B: 그게 무슨 소리야! You look fine.

세 단어 65
A: Where is the restroom?
B: 저쪽으로 가세요.

세 단어 66
A: I didn't mean to ruin your birthday party.
B: 시끄러워.

CHECK UP!
우리말을 보며 영어로 말해볼까요?

세 단어 67
- A: A man named Collins came to see you.
- B: 들여보내세요.

세 단어 68
- A: If you don't finish the report, you have to work overtime.
- B: 너무하시네요.

세 단어 69
- A: Are you sure it doesn't hurt?
- B: 내 말을 믿어.

세 단어 70
- A: Hey, watch out! A bus is coming.
- B: Whew! 큰일 날 뻔 했네. You just saved my life.

세 단어 71
- A: I have no courage to ask her out.
- B: Come on! 손해 볼 게 뭐 있어?

세 단어 72
- A: Why don't we have a cup of coffee and talk about it?
- B: 좋은 생각이야.

네 단어 01
- A: Here is a cheesecake for you.
- B: I didn't order it.
- A: 무료로 드리는 거예요.

네 단어 01
- A: 이 기차가 King's Cross에 가나요?
- B: Yes.

네 단어 01
- A: I'm hungry.
- B: 뭘 좀 간단히 먹자.

네 단어 01
- A: 여기에 무슨 일로 왔니?
- B: I'm here to attend a seminar.

네 단어 01
- A: Do you know how to make a cake?
- B: Yeah, 식은 죽 먹기야.

네 단어 01
- A: Why did you skip dinner?
- B: 다이어트 중이야.

네 단어 07
A I love Mike and I'm going to marry him!
B 절대 안 돼.

네 단어 08
A Let's have a drink.
B 지금 근무 중이야.

네 단어 09
A 차를 저쪽에 세워 주세요.
B OK.

네 단어 10
A I'm sorry for being late.
B 다음엔 시간 엄수해.

네 단어 11
A 속력을 내주세요.
B OK.

네 단어 12
A You look tired today.
B Yes, 오늘 힘든 날이었어.

네 단어 13
A Can we get the contract?
B 그것은 너한테 달렸어.

네 단어 14
A Did you hear his speech?
B Yes, 매우 감동을 받았어.

네 단어 15
A What's wrong with you?
B 온몸이 쑤셔.

네 단어 16
A Are you coming over for dinner tonight?
B 다음을 기약해도 될까요?

네 단어 17
A What took you so long?
B 신호등마다 다 걸렸어.

네 단어 18
A Why did you break up with James?
B 그의 거짓말에 신물이 나.

CHECK UP!

우리말을 보며 영어로 말해볼까요?

네 단어 19
- **A** What time is it now?
- **B** It's six thirty. 퇴근하자.

네 단어 20
- **A** 우리끼리 이야기인데, but he is going to resign.
- **B** Really?

네 단어 21
- **A** I ran into my high school teacher yesterday.
- **B** 세상 참 좁구나.

네 단어 22
- **A** I don't have time to finish the report.
- **B** 내가 할게요.

네 단어 23
- **A** Can you get me some fruits from the market?
- **B** 시간이 되면.

네 단어 24
- **A** How's your business going?
- **B** 지금까지는 아주 좋아.

네 단어 25
- **A** Would you stop now?
- **B** 내 말을 끝까지 들어주세요.

네 단어 26
- **A** Can you come to the party tonight?
- **B** 갈 수 없어.

네 단어 27
- **A** Do you think John can be a lawyer?
- **B** 시간문제야.

네 단어 28
- **A** How much do you want?
- **B** 가득 채워주세요.

네 단어 29
- **A** How can I get the concert tickets?
- **B** 선착순입니다.

네 단어 30
- **A** I want to quit the job.
- **B** 좀 더 버텨 봐.

네 단어 31
A Did you tell her you wanted to break up with her?
B 진심이 아니었어.

네 단어 32
A Are you going to join the book club?
B 생각 중이야.

네 단어 33
A Drinks are on me.
B No, 오늘은 내가 살게.

네 단어 34
A Why did you sell your car?
B 나 파산 상태거든.

네 단어 35
A 줄을 서고 있는 건가요?
B Yes, I am.

네 단어 36
A What's wrong with him? Is he sick?
B No, 그는 완전히 취했어.

네 단어 37
A How are you doing?
B Fine, Jack. 오랜만이야.

네 단어 38
A Do you live with your parents?
B No, 나 혼자 살아.

네 단어 39
A 1002호 좀 연결해 주세요.
B One moment, please.

네 단어 40
A 내게 말대꾸하지 마.
B Okay, I won't.

네 단어 41
A What do you think of your boss?
B 대단한 사람인 것 같아.

네 단어 42
A How long are you going to use the bathroom?
B 오래 걸리지 않을 거예요.

우리말을 보며 영어로 말해볼까요?

네 단어 43
- A: 네가 나를 망쳤어.
- B: No, it's not my fault.

네 단어 44
- A: Why are you so upset?
- B: Jessica가 나를 바람 맞혔어.

네 단어 45
- A: 여기 책임자가 누구입니까?
- B: Mr. Han.

네 단어 46
- A: Eddie was cheating on me.
- B: 그러게 내가 뭐랬어.

네 단어 47
- A: I bought this phone for 250 dollars.
- B: 너 바가지 썼다.

네 단어 48
- A: When is the report due?
- B: 월요일입니다.

네 단어 49
- A: How did our sales go last month?
- B: 본전은 했어요.

네 단어 50
- A: You were speeding. Show me your license, please.
- B: 한 번만 봐주세요!

네 단어 51
- A: How much oil do you want?
- B: 많으면 많을수록 좋아요.

네 단어 52
- A: How about this yellow hat?
- B: 그걸로 살게요.

네 단어 53
- A: Which car do you want, this one or that one?
- B: 아무거나 상관없습니다.

네 단어 54
- A: Why don't you apologize to her?
- B: Keep out of it.
  네가 상관할 바가 아니야.

CHECK UP! ANSWER

정답을 보며 어떤 상황이었는지 떠올려보세요!

 한 단어 영어로 1초 만에 말해봐!

Chapter 01

- 01 Anytime.
- 02 Whenever.
- 03 Sure.
- 04 Unbelievable.
- 05 Fine.
- 06 Positive.
- 07 Almost.
- 08 Probably.
- 09 Absolutely!
- 10 Depends.
- 11 Excellent!
- 12 Seriously?
- 13 True.
- 14 Awesome!
- 15 Pardon?
- 16 Shoot!
- 17 Anything!
- 18 Never.
- 19 Definitely.
- 20 Hilarious.
- 21 Congratulations.
- 22 Exactly!
- 23 Lovely.
- 24 Nonsense!
- 25 Speaking.
- 26 Deal.
- 27 Relax.
- 28 Nothing.
- 29 Oops!
- 30 Jesus!
- 31 Yourself?
- 32 Whatever!
- 33 Please.
- 34 So-so.
- 35 Gorgeous!
- 36 Period!

 두 단어 영어로 쉽게 말해봐!

Chapter 02

- 01 After you.
- 02 Anything else?
- 03 Don't bother.
- 04 My pleasure.
- 05 Suit yourself.
- 06 My treat.
- 07 What's up?
- 08 Hold on.
- 09 Get real.
- 10 Well done!
- 11 No way!
- 12 No wonder.
- 13 Can't complain.
- 14 No comment.
- 15 By cash.
- 16 Medium, please.
- 17 Check, please.
- 18 Just traveling.
- 19 Help yourself.
- 20 No sweat.
- 21 See you.
- 22 How much?
- 23 Your choice.
- 24 Again, please.
- 25 Got it.
- 26 Never mind.
- 27 Take care.
- 28 No problem.
- 29 Same here.
- 30 Nothing much.
- 31 Fat chance.
- 32 What for?
- 33 Have fun.
- 34 Money talks.
- 35 Afraid not.
- 36 Good job.
- 37 To go.
- 38 Any questions?
- 39 Not bad.
- 40 Only vitamins.
- 41 Keep going.
- 42 Pretty good.
- 43 Can't wait.
- 44 How many?
- 45 No exception.
- 46 Nature calls.
- 47 I'm full.
- 48 Cheer up!
- 49 That's life.
- 50 Brace yourself.
- 51 Apology accepted.
- 52 I agree.

CHECK UP! ANSWER

정답을 보며 어떤 상황이었는지 떠올려보세요!

- 53 Grow up.
- 54 Kind of.
- 55 Good luck.
- 56 Going up?
- 57 So what?
- 58 How come?
- 59 Beats me.
- 60 Wanna bet?
- 61 I'm flattered!
- 62 Stay focused.
- 63 Get lost.
- 64 Calm down.
- 65 Not me.
- 66 Try again.
- 67 Who's ahead?
- 68 Buckle up.
- 69 Forget it.
- 70 Bottoms up!
- 71 I'm coming.
- 72 Fair enough.
- 73 Why not?
- 74 Since when?
- 75 That happens.
- 76 Not yet.
- 77 Nothing special.
- 78 Good point.
- 79 Hands off.
- 80 Get in.
- 81 Time's up.
- 82 It's you.
- 83 Don't leave.
- 84 All set?
- 85 Lucky you.
- 86 Who cares?
- 87 Let's see.
- 88 You bet.
- 89 Say when.
- 90 Listen up!

3 세 단어 영어로 풍부하게 말해봐!

Chapter 03

- 01 Good for you.
- 02 Count me out.
- 03 Speak up, please.
- 04 Where to sir?
- 05 Here you go.
- 06 Let's eat out.
- 07 Shame on you.
- 08 Cash or card?
- 09 Wish me luck.
- 10 That's a steal.
- 11 So do I.
- 12 Neither do I.
- 13 Keep the change.
- 14 Never been better.
- 15 I mean it.
- 16 Yes and no.
- 17 Without a doubt.
- 18 Better than before.
- 19 Around the corner.
- 20 Coke or Sprite?
- 21 Break a leg!
- 22 What's your point?
- 23 Just in case.
- 24 Where were we?
- 25 Be my guest.
- 26 Where am I?
- 27 Let me check.
- 28 You name it.
- 29 What a coincidence!
- 30 I'm in trouble.
- 31 I knew it.
- 32 As you wish.
- 33 She dumped me.
- 34 It sounds good.
- 35 I was impressed.
- 36 Did it work?
- 37 Take that back.
- 38 I envy you.
- 39 No big deal.
- 40 That's all.
- 41 It's my turn.
- 42 Just a feeling.
- 43 Take your time.
- 44 You owe me.
- 45 Take a guess.
- 46 Same to you!
- 47 It takes time.
- 48 I got lost.
- 49 Go fifty-fifty.
- 50 God only knows.
- 51 Not a clue.
- 52 Don't be silly.

53 That will do!	54 If you insist.	55 Keep in touch.	56 It was nothing.
57 That's a relief.	58 Is Jack there?	59 Don't be picky.	60 Stop nagging me.
61 Are you kidding?	62 Don't rush me.	63 He really sucks.	64 Don't be ridiculous!
65 Down that way.	66 Knock it off.	67 Bring him in.	68 That's too harsh.
69 Take my word.	70 That was close.	71 What's the harm?	72 Now you're talking.

 세 단어 영어로 풍부하게 말해봐!

Chapter 04

01 It's on the house.
02 Is this train for King's Cross?
03 Let's grab a bite.
04 What brings you here?
05 It's a piece of cake.
06 I am on a diet.
07 Over my dead body.
08 I am on duty now.
09 Pull over there, please.
10 Be punctual next time.
11 Step on it, please.
12 I had a long day.
13 It's up to you.
14 I was so touched.
15 I'm aching all over.
16 Can I take a rain check?
17 I hit every light.
18 I was sick of his lies.
19 Let's call it a day.
20 Between you and me,
21 What a small world!
22 Leave it to me.
23 If I have time.
24 So far so good.
25 Hear me out, please.
26 I can't make it.
27 Just matter of time.
28 Please, fill it up.
29 First come, first served.
30 Please, hang in there.
31 I didn't mean it.
32 Been thinking about it.
33 It's on me today.
34 Because I am broke.
35 Are you in line?
36 He is dead drunk.
37 Long time no see.
38 I live by myself.
39 Room number 1002, please.
40 Don't talk back to me.
41 I think he is something.
42 I won't be long.
43 You screwed me up.
44 Jessica stood me up.
45 Who's in charge here?
46 I told you so.
47 You got ripped off.
48 It's due on Monday.
49 We just broke even.
50 Give me a break, please!
51 The more, the better.
51 I'll take it.
52 Either will do.
53 None of your business.

MEMO

MEMO